Monetary Competition

An Analysis
of Economic History

Monetary Competition

货币竞争

一项经济史的分析

An Analysis of Economic History

刘愿 管汉晖

—— 著

格致出版社 上海人民出版社

图书在版编目(CIP)数据

货币竞争：一项经济史的分析 / 刘愿，管汉晖著.

上海：格致出版社：上海人民出版社，2025(2025.9重印). -- ISBN 978-7-5432-3688-2

Ⅰ. F822.9

中国国家版本馆 CIP 数据核字第 2025Y1V039 号

责任编辑 王韵霏　忻雁翔
封面装帧 人马艺术设计·储平

本书为国家社会科学基金重大招标项目
"世界货币制度史的比较研究"(批准号：18ZDA089)的阶段性成果

货币竞争:一项经济史的分析
刘愿　管汉晖 著

出　　版　格致出版社
　　　　　上海人民出版社
　　　　　(201101　上海市闵行区号景路159弄C座)
发　　行　上海人民出版社发行中心
印　　刷　上海巅辉印刷厂有限公司
开　　本　890×1240　1/32
印　　张　6
插　　页　6
字　　数　127,000
版　　次　2025年7月第1版
印　　次　2025年9月第2次印刷
ISBN 978-7-5432-3688-2/F·1639
定　　价　68.00 元

前　言

　　经济危机像梦魇般困扰着世界各国,如何熨平经济的波动始终是经济理论和政府决策的一个重要议题。哈耶克认为,政府垄断货币的发行赋予了政府扩张和收缩货币的自由裁量权,使得货币市场的利率偏离了自然均衡利率,扭曲了资本品和消费品的相对价格,导致资源的错误配置和经济波动。为此,哈耶克于 1976 年在《货币的非国家化》中提出取消政府发行货币的垄断权,允许私人银行发行不同的货币来展开竞争。哈耶克认为,市场竞争能够有效约束发钞行行为,为经济提供价值稳定的货币,从而消除经济的周期性波动。一方面,人们从时间动态不一致的角度质疑哈耶克的理论,认为由于强留在行业中的利润可能还比不上不遵守承诺,私人银行为了追求利润必然无限增发货币导致通货膨胀。另一方面,支持货币竞争的文献则通过对货币市场施加诸多约束条件,如货币替代、商誉资本、钞票赎回机制及代理人足够耐心、银行部门交易历史公开及物物交换惩罚、获得兑换券发行权的成本及代理人信念等约束条件,来证明货币竞争是可行的。

　　由于人类历史上货币竞争的经验相当有限,哈耶克认为只能通过"思想实验"来理解竞争性货币体系的运行。关于 17 世纪苏格兰自由银行、法国大革命时期及美国内战前十年的货币竞争历史的经验研究,主要从宏观角度考察货币竞争的效果,鲜见关于竞争性货币体系运行机制的微观研究,上述支持货币竞争的约束条件在理论上尚待讨论,哈耶克提出的声誉机制缺乏经验证据支持。因此,哈耶克的货币非国家化理论的有效性有待进一步研究。

本书认为,只有当超发货币的收益高于遵守承诺稳健发行的收益时,私人发钞行才可能采取超发策略,但以下机制将使发钞行难以获取超发收益。(1)当货币质量信息对称时,发钞行哪怕是轻微的超发都会被消费者所捕获,超发的货币价值下降,消费者将会减持贬值的货币,增持价值稳定的货币,这种货币替代的过程将会以加速度进行,贬值货币最终将变得一文不值。这种面值的损失将导致发钞行无法获得所谓的铸币税,使超发货币得不偿失。(2)价值稳定的货币会为银行积累良好的商誉资本,这些商誉资本将为银行带来诸多经营优势,如实收资本更多、盈余公积更高、存贷款规模更大等,并且这些经营优势可以为银行带来更多的利润。因此,商誉资本可以为银行带来信贷收益,发钞行超发货币将破坏其商誉资本,使其损失巨额的信贷收益,银行采取超发策略将得不偿失。

本书以汉代以降的中国历史为例考察竞争性货币体系的运行机制与宏观绩效。货币铸造在汉代经历了从竞争到垄断的转变,为考察铸币质量和信用提供了一个历史实验。汉文帝和景帝时期实行"使民放铸"政策,允许私人按照政府规定的标准铸币,官府通过称钱衡制度来识别和监督铸币质量;汉武帝及以后时期实行"公铸 + 禁铸"政策,官府垄断货币的铸造权。利用考古学和钱币学关于历史上铸币标准、重量和成色的相关数据进行实证研究发现,汉文帝和景帝

"使民放铸"时期的铸币,无论是法重符合百分数(铸币实际重量不低于法定重量的比例),还是铸币含铜量的法重符合百分数,都要高于其他朝代官府垄断发行的铸币。因此,在货币质量信息对称的情况下,货币市场的竞争使高质量的私人铸币得以流通,民间私铸货币的质量高于官府垄断发行的铸币。

民国时期,多家银行拥有独立发行兑换券的权力。本书利用"白银风潮"时期中国 34 家发钞行和 150 家银行的微观数据,以银行的生存历史及上海银行公会会员身份度量声誉,检验了声誉机制如何约束发钞行的行为。研究发现,银行历史越悠久,在"白银风潮"时期其兑换券的发行增速越慢,银行货币发行越稳健。声誉为银行带来了诸多的经营优势,如实收资本、盈余积累和存款更多,使得声誉好的银行贷款规模更大,利润水平更高。而且,历史上利润水平越高的银行,兑换券发行增速越稳健。因此,声誉机制能够有效约束发钞行行为,银行正是出于对利润的追求而稳健发行,以维护本行货币价值稳定。

1935 年 11 月,法币改革结束了中国银行竞争性发行的历史,货币发行从自由竞争转向政府垄断。本书以中国银行上海分行(以下简称"中行沪行")为中心考察自由银行体系的运作及法币改革对银行行为的影响。在竞争性货币体系下,中行沪行作为发行银行恪守谨慎发行、按金融季节调整的发行政策;作为商业性银行极其注重信贷业务,放贷谨慎又不失灵活性;通过银行同业公会发行公单救济陷入危机的银行,发挥银行之银行的作用。在经济稳定时期,中行沪行根据金融季节调整兑换券发行以满足市场对流动性的需求,保持上海物价稳定。在大萧条前夕,面对白银内流通货膨胀,主动减少兑换券发行,以抑制物价上涨;在白银风潮时期,面对白银外流通货紧缩,主动增加兑换券发行,以平抑物价波动。然而,在法币改革后,中行沪行兑换券发行刚性增长,信贷规模膨胀,导致物价水平快速上升,虽然使中国经济在短期内恢复增长,但也为国民政府统治下的恶性通货膨胀埋下了货币制度的种子。由此可见,市场竞争犹如一个紧箍咒,可以有效约束市场中大银行的行为;而法币改革却解除了市场竞争的约束,银行的发钞数量趋于刚性增长。

抗战时期,边区银行发行的边币在陕甘宁边区受到国民政府发行的法币的强有力竞争,法币在国统区处于完全垄断地位。本书考察了边币和法币在面临不同市场结构时的发行行为。陕甘宁边区政府一度寄希望于利用政权力量强制推行边币的发行和流通,并将边币发行作为弥补边区政府财政赤字的工具。然而,法币的强有力竞争使边币超发时价值下降,边币被法币替代,流通范围缩小,边区银行不得不重归谨慎发行的政策。边区政府通过加强发行银行独立性、发展生产、平衡贸易、削减财政支出、回笼货币等政策保持币值稳定,而法币发行的政府垄断性不断强化,法币发行沦为国民政府解决财政危机的工具,法币发行未能像边币那样重归稳健发行的正轨。

本书总结了竞争性货币体系的运行机制,根据中国从秦汉以降的铸币,到民国时期的兑换券,再到抗战时期的不兑现货币等多种形态货币的竞争历史,比较了在市场竞争和政府垄断两种市场结构下的铸币质量及银行行为。我们证明,在信息对称和商誉资本的作用下,私人银行有足够的激励提供价值稳定的货币,从而为哈耶克货币非国家化理论的"思想实验"提供了微观经验证据,弥补了关于货币竞争经验研究不足的缺陷。展望竞争性货币体系的前景,货币发行由垄断向竞争的转变,将彻底改写现代宏观经济学。

目　录

第一章　导　论

　　奥地利学派的代表人物弗里德里希·奥古斯特·冯·哈耶克(Friedrich August von Hayek)教授因其在经济周期与货币理论方面的研究,荣获 1974 年诺贝尔经济学奖。哈耶克关于经济周期的研究表明,经济周期性波动的根源,是政府人为地扩张和收缩货币导致生产结构的延长和收缩,企业家赖以决策的相对价格信号被扭曲,资源出现了错误配置。在 1935 年出版的《物价与生产》(*Price and Production*)这本小册子中,哈耶克提出的应对经济危机的政策主张是消极的,即政府不能救助任何企业和机构,而应任由市场经济发挥自我调节的功能。哈耶克相信,在经历企业倒闭、失业增加的阵痛之后,经济在市场的调节作用下会自行恢复。时隔四十年,哈耶克于 1976 年出版了《货币的非国家化》(*Denationalization of Money*)一书,彻底放弃了此前消极的观点,主张取消政府发行货币的垄断权,允许私人银行发行不同的货币来展开竞争。哈耶克将其自由主义的经济思想发挥到极致,主张在货币发行领域引入市场竞争来约束政府滥发货币的行为,以结束由货币周期性扩张和收缩导致的经济波动。哈耶克认为,信誉机制能够有效地约束私人发钞行为以确保货币价值的稳定。因为如果发钞行不能满足人们的预期(而政府机构也肯定会滥用机会操纵原材料的价格水平),就有可能迅速丢失其整个发钞业务,这种恐惧将提供一种比任何政府垄断所能提供的更强大的保险机制(哈耶克,2007:151)。在哈耶克看来,只要货币价值稳定,企业家赖以决策的商品相对价格信号能够准确反映资源的相对稀缺性,资源就不存在错误配置,经济波动问题就迎刃而解。

哈耶克的这一革命性主张招致了人们的质疑。约翰·布莱恩特(Bryant,1981)认为,只要单位货币的面值高于其发行成本,私人发行银行将无限供给货币,私人发行的后果是引发通货膨胀。巴特·陶布(Taub,1985)分析主张,在引入更为现实的控制结构时,企业对其发行只能做出暂时的承诺,其结果是货币的真实余额接近于零,竞争无法克服动态一致控制结构的无效率问题,只能由政府垄断供给货币,私人市场难以实现物价稳定。凯文·多德和大卫·格林纳威(Dowd and Greenaway,1993)认为即使存在货币竞争,货币的替代也是非常有限的,因为货币的替代受货币的网络效应和转换成本两个因素①制约。因此,劳伦斯·H.怀特(2004)总结道,哈耶克未能揭示为什么发行人不愿意破坏其关于稳定的购买力的承诺,由于强留在行业中的利润可能还比不上不遵守承诺,私人发行不兑现货币的可行性值得怀疑。在不完全预见的情况下,发钞行可以利用时间不一致性欺骗公众,以高于公众预期的比率扩张兑换券发行从而获取高额利润,即使引入货币企业的商誉资本也不能解决欺诈问题,竞争性发钞行追求利润的结果是制造通货膨胀。②

支持货币竞争的文献通过对货币市场施加诸如货币替代(Tullock,1975)、商誉资本(Klein,1974)、钞票赎回机制及代理人足够耐心(Cavalcanti et al.,1999)、银行部门交易历史公开及物物交换惩罚(Cavlcanti and Neil，1999a，1999b；Berentsen，2006)、获得兑换券发行权的成本及代理人信念等约束条件(Martin and Schreft，2006)，证明货币竞争是可行的。

戈登·塔洛克(Tullock，1975)提出的货币替代主要是指不同国家货币之间的替代，而不同国家货币之间的替代会受到国际政治、经济、军事等诸多因素的影响，其货币替代进程会比哈耶克所设想的一个国家内部基于纯市场竞争的货币替代要困难得多。里卡多·卡瓦尔康蒂等人(Cavalcanti et al.，1999)提出在银行部门交易历史公开的情况下，如果银行超发货币，消费者将会完全放弃使用货币转而以物物交换来惩罚违约银行。这种惩罚机制的成本对消费者而言是很大的，除非货币超发导致了非常严重的通货膨胀，否则消费者不会轻易地回到物物交换的情形。安托万·马丁和央黛丝·L.施雷福特(Martin and Schreft，2006)提出，代理人对银行发钞数量有一个合理的预期额，如果货币发行额超过消费者的预期，代理人将认为银行超发货币，其超发的货币将一文不值。实际上，消费者在判断一家银行是否超发货币时，不是观察银行发行额是否超过预期值，而是比较不同货币的汇率变动及以该货币表示的商品价格是否稳定。因此，这些机制并非货币竞争的必要条件。钞票赎回机制在一定程度上能够约束发钞行不超过其准备金数量来发行货币。然而，布雷顿森林体系的瓦解表明，当发行主体拥有市场垄断势力时，即使其在法律上担负赎回的义务，发行机构仍然会存在超额发行的现实动机。

虽然本杰明·克莱恩(Klein，1974)认为商誉资本在理论上将发挥作用，但在两年后对塔洛克的评论文章中，克莱恩(Klein，1976)却认为货币竞争尚未得到经验证据的支持。相反,根据美国 1880—1972 年的货币需求函数,克莱恩认为美元价值不稳定反而增加了市场对美元的需求。但克莱恩的分析有两个问题。第一,美国在 1880—1972 年间并不见得存在货币竞争,即使是国际领域之间的货币竞争也是不完全的。自 1944 年布雷顿森林体系建立至 1971 年瓦解,美元贬值,世界各国央行尤其是欧洲各国央行纷纷以美元要求兑换黄金,以致美国黄金储备枯竭,最终使得双挂钩体制难以为继,说明货币替代确实存在且有效。第二,从其回归方程来看,物价波动变量对货币需求的参数估计值虽然为正,但在统计上是不显著的。更何况,简单的时间序列回归显然没有考虑模型存在的内生性问题,克莱恩的分析难以提供令人信服的证据。那么,商誉资本机制能否发挥作用呢?

哈耶克(2007:48)认为,历史上几种货币同时流通的情形很少,而且人们关于金币和银币并行流通的记忆也使这种制度的名声相当糟糕,我们在这方面的经验仍然是非常有限的。因此,哈耶克主张通过"思想实验"来描述人们面临新的选项时有可能做出何种反应。尽管人类历史缺乏长期的货币竞争的经验,但现有研究仍然提供了若干货币非国家化的历史片段。譬如,劳伦斯·怀特(White,L.,1995)考察了 1727—1845 年间苏格兰货币发行的竞争体系,认为 1810—1840 年间的苏格兰银行体系符合传统的自由银行模型,苏格兰的经验提供了有关竞争性银行体系绩效有用的经验证据。然而,学术界对 1727—1845 年间苏格兰银行体系是否属于"自由银行体系"仍然存在分歧(White,L.,1991)。

　　尤金·怀特(White，E.，1990)介绍了法国大革命前夕的自由银行制度的实验。1789年法国贴现银行Caisse D'Escompte转型为国家银行，并获得许可发行法定货币"Assignats"。然而，Assignats是大面额的纸币，小面额交易媒介短缺问题随之出现，几个市镇组织了爱国者银行发行小面额票据以与法定货币Assignats交换。法国大革命后政府采取自由放任政策，即政府不干预银行的业务，也不保证这些爱国者银行的偿付，这些小面额票据也并非法定货币。尤金·怀特认为，在1791年爱国者银行是相当成功的。虽然小面额票据并非法定货币，但银行票据却被广泛接受，常常超越银行所在市镇范围流通。面对社会公众对银行票据伪造、欺诈和通胀问题的抱怨，尤金·怀特认为这些批评是因为大部分社会公众目不识丁从而缺乏辨别力，以至于他们认为是银行票据的过度发行导致的银行投机和囤积商品推高物价。尤金·怀特认为，是法定货币Assignats数量的增加助推了银行钞票和物价的上涨。实际上，法国大革命时期"大额法币＋小面额票据"组合的自由银行制度，与哈耶克所主张的货币竞争相去甚远：法定货币的存在本身就意味着不存在真正的货币竞争。

　　休·罗考夫(Rockoff，1991)分析了美国内战前十年中的自由银行体系。美国的自由银行制度起源于1837年密歇根州通过的《自由银行法案》(Free Banking Act)，随后1838年纽约州等18个州效仿推行，形成"自由银行时代"(1837—1865年)。美国自由银行制度是一种分散化的货币发行体系，允许私人银行在满足州法规的条件下自主发行货币，无需通过中央银行统一管理。然而，美国在自由银行制度下出现了货币信用危机，银行滥发纸币且抵押品不足，导致挤兑频发，部分银行券沦为废纸；各州货币互不认可，跨区贸易需频繁兑换货币，导致交易成本高昂。正如休·罗考夫（Rockoff，1991）强调的那样，自由银行体系无法检验哈耶克关于银行在摆脱所有政府约束后将开始提供一种新的货币基础的猜测。

尼尔斯·赫杰（Herger，2022）回顾了瑞士1826—1907年间银行制度的演化。1826年首次发行瑞士钞票，1907年完全确立货币的政府垄断发行。在此期间发生了两个转折性事件：一是1850年以瑞士法郎作为国家货币单位，几乎所有银行钞票都以瑞士法郎标价；二是1881年通过联邦钞票法案，强制所有发钞行平价兑换钞票，并要求发钞行保持至少40%的现金准备。尼尔斯·赫杰（Herger，2022：3）认为，1881年的联邦钞票法案改变了钞票竞争的性质，尤其是钞票必须平价互换的规制破坏了公众识别不同纸币的激励，这反过来又摧毁了发钞行反对货币超发的自律性。不过，正如尼尔斯·赫杰（Herger，2022）总结的那样，不少研究者将钞票供给缺乏弹性视为1881年以后瑞士受规制的自由银行制度的主要缺陷，他们认为竞争性纸币供给无法适应需求波动，构成了贸易和投资的主要障碍。

上述基于西方国家历史的经验研究，缺乏关于货币竞争环境下银行行为的深入研究，未能提供一个关于货币竞争的清晰图景，也就很难为哈耶克的货币非国家化理论提供令人信服的证据。正如朱嘉明（2012）所言，中国具有两千年货币竞争性发行的历史，考察中国竞争性货币体系的微观运行机制和宏观绩效，有助于我们从现实中观察"看不见的手"是如何治理货币的，为哈耶克关于货币竞争的思想实验提供可靠的经验证据。

基于上述背景,本书尝试为哈耶克货币非国家化理论的"思想实验"提供一系列来自中国的微观经验证据。本书以中国汉代的"使民放铸"政策为例分析金属铸币之间竞争的绩效,识别信息对称机制的作用;以民国时期的银行竞争性发行为例,分析声誉机制对银行发行和经营行为的影响;并以法币改革导致的市场结构变化和陕甘宁边区中边币和法币所面临的不同市场结构,分析市场结构从竞争向垄断转变对银行行为的影响。本书突出强调货币竞争过程中货币质量信息对称和声誉机制的作用。我们认为,反对货币竞争的文献实际上仍然停留在"垄断发行"的语境下来讨论货币竞争问题。货币发行从政府垄断变成市场竞争,货币市场就从一次性博弈变成重复博弈。一旦在货币发行领域引入真正的市场竞争机制,所谓的超发收益将荡然无存;在货币质量信息对称的情形下,时间动态不一致问题也不复存在。相反,由于声誉机制的作用,发钞行为了追求信贷收益而自律约束发行行为。

具体来说,本书分七章展开,后续章节安排如下。第二章介绍哈耶克的货币非国家化理论的缘起及其含义,并讨论反对和支持哈耶克货币非国家化理论的相关文献,最后总结市场竞争约束银行货币发行的两个重要机制。哈耶克认为经济波动源于政府人为地扩张和收缩货币,为熨平经济波动须取消政府货币发行的垄断权,在货币发行领域引入市场竞争。哈耶克强调信誉机制能够有效地约束发钞行的行为。反对哈耶克货币非国家化理论的文献从时间动态不一致的角度提出质疑,认为私人发行货币的结果是货币超发和恶性通货膨胀。支持哈耶克货币非国家化理论的文献,则通过对货币市场施加诸如钞票赎回机制、代理人足够耐心、银行部门交易历史公开、获得兑换券发行权的成本及代理人信念等约束条件，证明货币竞争是可行的。我们认为，这些机制确实可以保障货币竞争的有效性，但其实现条件过于严苛；相反，哈耶克提出的市场竞争和声誉机制本身就足以构成发钞行的有效约束。接下来，本书利用中国不同的历史案例研究货币竞争问题。

第三章以汉文帝"使民放铸"政策为例考察金属铸币情形下的货币竞争机制和绩效。汉文帝和景帝时期实行"使民放铸"政策，允许私人按照官府规定的标准铸币，官府通过称钱衡制度来识别和监督铸币质量。汉武帝则实行"公铸＋禁铸"政策，官府垄断货币的铸造权。利用考古学和钱币学关于历史上铸币标准以及重量和成色的相关数据，实证研究发现，汉文帝和景帝"使民放铸"时期的铸币，无论是法重符合百分数（铸币实际重量不低于法定重量的比例）还是铸币含铜量的法重符合百分数，都要高于官府垄断发行的铸币。因此，在货币质量信息对称的情况下，货币市场的竞争导致高质量的私人铸币得以流通，民间私铸货币的质量高于官府垄断发行的铸币。

第四章利用银行微观数据考察民国"白银风潮"时期的兑换券竞争性发行。以银行的生存历史及上海银行公会会员身份度量声誉，利用"白银风潮"时期中国 34 家发钞行和 150 家银行的微观数据，我们检验了声誉机制如何约束发钞行的行为。研究发现，声誉越好的银行，兑换券发行增速越慢，银行货币发行越稳健。声誉为银行带来诸多经营优势，如实收资本、盈余积累和存款更多，以致声誉好的银行贷款规模更大,利润水平更高。历史上利润水平越高的银行,兑换券发行增速越稳健,说明银行正是出于对利润的追求而稳健发行以维护币信。因此,民国"白银风潮"时期银行的微观经验证据证明,声誉机制能够有效约束发钞行的行为。

第五章以中行沪行为中心考察银行在法币改革前后行为的差异。在竞争性货币体系下,中行沪行作为发行银行恪守谨慎发行、按金融季节调整的发行政策;作为商业性银行极其注重信贷业务,放贷谨慎又不失灵活性;通过银行同业公会发行公单救济陷入危机的银行,发挥银行之银行的作用。在经济稳定时期,中行沪行根据金融季节调整兑换券发行以满足市场对流动性的需求,保持上海物价稳定;在大萧条前夕,面对白银内流通货膨胀,主动减少兑换券发行;在"白银风潮"时期,面对白银外流通货紧缩,主动增加兑换券发行以平抑物价波动。然而,在1935年11月法币改革后,中行沪行兑换券发行出现刚性增长,信贷规模膨胀,导致物价水平快速上升,虽然使中国经济在短期内恢复了增长,但为国民政府统治下的恶性通货膨胀埋下了货币制度的种子。

第六章研究抗战时期陕甘宁边区边币、法币共存与竞争的历史案例。抗战时期在陕甘宁边区,边区银行发行的边币受到国民政府发行的法币的强有力竞争,法币在国统区则处于垄断地位。尽管边币发行一度成为边区政府弥补财政赤字的工具,但法币的强有力竞争使边币超发时价值下降,边币被法币替代,流通范围缩小,边区银行不得不重归谨慎发行的政策,边区政府通过加强发行银行独立性、发展生产、平衡贸易、削减财政支出、回笼货币等政策保持币值稳定。法币发行的政府垄断性则不断强化,法币发行沦为国民政府解决财政危机的工具,法币发行未能像边币那样重归稳健发行的正轨。

第七章总结本书研究,讨论货币竞争的两个未解之题,分析货币竞争对宏观经济学的影响。首先,在我们看来,人们过高地估计了多货币共存的兑换成本问题,市场会演化出一两种占有主导地位的货币,其他货币会选择锚定主导货币而流通,金融稳定时期不同货币之间的兑换率是比较稳定的。其次,我们认为,私人银行发行纯粹的信用货币和兑现货币都是不现实的。银行可能需要凭借其相当规模的资产作为担保来发行货币,虽然不一定是兑现的货币。最后,我们比较了在政府垄断发行和竞争性发行两种制度结构下,银行调整货币发行规模的不同机制。中央银行的货币政策在经济增长和物价稳定两者之间来回摇摆,货币政策的时间滞后性使得中央银行的货币政策存在时间错配问题;竞争性的私人发钞行只关心其货币价值是否稳定,根据经济的真实需求及时调整货币供给,可以有效避免央行货币政策的时间滞后性问题。

如果哈耶克的货币非国家化理论是可行的话,中央银行的货币政策将无用武之地,政府利用超发货币来弥补财政赤字的空间也将荡然无存,一国政府将面临硬预算约束,财政政策发挥的作用也将大大受限。因此,以货币政策和财政政策两大工具为依托的现代宏观经济学将被彻底改写,经济学将重新回归"解释世界"的初心,而非雄心勃勃地试图"改造世界"。政府将从积极的经济干预者,重返古典经济学所倡导的"守夜人"角色。

注释

① 网络效应指某一货币对其使用者的价值取决于有多少人也使用这种货币；转换成本指学习计算新货币、以新单位标价及更新会计记录等产生的成本。

② 怀特（2004：217）指出，我们找不到历史案例能够使我们确信私人发行能够解决不兑现货币的时间不一致性问题，无论是所有已知的私人发行的货币，还是实体的商品货币（例如黄金铸币），或者是可兑换的货币。

第二章 货币竞争的作用机制

本章介绍哈耶克的货币非国家化理论,评述反对和支持货币非国家化的相关文献,总结市场竞争约束银行发行的两个重要作用机制,为接下来的经验分析提供理论依据。

哈耶克的货币非国家化理论

根据奥地利学派对商业周期的研究,经济危机的根源是政府周期性的货币政策使货币利率偏离了自然均衡利率水平,经济中的生产结构产生扩张和收缩,从而导致经济的繁荣和衰退。因此,在奥地利学派看来,如何约束政府货币发行的自由裁量权是熨平经济波动的关键。路德维希·冯·米塞斯(Ludwig von Mises)在《货币与信用原理》(*The Theory of Money and Credit*)中主张,只有实行金本位制才能有效地约束政府滥发货币的行为,从而结束通货膨胀,避免经济周期性的波动。作为米塞斯的学生,哈耶克在分析货币与危机的关系时,一直坚持奥地利学派的分析框架。1935 年,哈耶克在《物价与生产》一书中,进一步区分了自愿储蓄和强迫储蓄两个重要概念,论证了政府周期性地扩张和收缩货币导致生产结构延长和收缩。对解决经济危机,哈耶克当时给出的建议是:政府不做任何努力,任由经济自行恢复。1976年,哈耶克出版了其最后一本经济学著作《货币的非国家化》。在关于经济危机根源的认知上,哈耶克和米塞斯是一致的;但关于如何根除经济危机的根源,哈耶克摈弃了先前放任自流的消极观点,在《货币的非国家化》中提出了与米塞斯不同的主张。哈耶克认为,即使是金本位制也无法完全阻止政府滥发货币的冲动,只要政府仍然垄断货币的铸造或发行权,贵金属的存量就无法构成政府发行货币的刚性约束。

如果说米塞斯主张恢复金本位制是一项保守的政策建议的话,哈耶克在《货币的非国家化》中提出了一项革命性的改革主张:取消政府发行货币的垄断权,允许私人银行发行不同的货币,通过市场竞争来约束各银行的发钞行为,从而保持物价水平稳定。实际上,奥地利学派的经济周期理论蕴含着这样一个基本逻辑:企业家根据各种产品和要素的相对价格做出决策,政府人为地扩张和收缩货币扭曲了产品的相对价格,导致资源错配,这是危机的根源;货币价值的稳定能够提供一个反映资源相对稀缺程度的信号,指引企业家做出理性的决策,从而消除经济的周期性波动。因此,哈耶克将货币的非国家化视为解决通货膨胀和消除经济波动的一项终极性制度改革。

自由竞争何以提供价值稳定的货币?哈耶克(2007:49—51)在《货币的非国家化》中通过虚构的故事描述了私人发钞行之间的竞争:私人银行发行瑞士货币"达克特",并负有以外汇或者一组原材料商品赎回达克特的义务。最初,销售(在柜台或者通过拍卖)是新货币发行的主要途径。在正常的钞票市场建立起来之后,只需要通过正常的银行业务即短期贷款,即可开展日常的发钞业务。因此,如果允许私人银行发行不同的货币相互竞争，货币发行与信贷业务是相互联系的。

哈耶克认为，信誉机制能够有效地约束私人发钞行行为以确保货币价值稳定："如果发钞行不能满足人们的预期（而政府机构也肯定会滥用机会操纵原材料价格水平），就有可能迅速丢失其整个发钞业务，这种恐惧将能提供一种比任何政府垄断所能提供的更强大的保险机制。竞争肯定会被证明是一种更有效的约束，它会迫使发钞机构保持其货币之价值稳定（按一组预先选定的商品来衡量），当然，它们也有义务用这些商品（或黄金）赎回这些钞票……私人货币赖以生存的基础是人们对它的信任……发钞行的经理层将逐渐明白，它的生意得依赖货币持有人稳固的信心，因此，它们会持续不断地调整达克特（及其他钞票）的发行事宜，以使其购买力始终大体保持稳定。"（哈耶克，2007:52）

因此，在哈耶克看来，市场竞争对银行发钞行为的约束力是足够大的。因为"每家银行都知道，如果它不能满足人们的预期，所遭受的惩罚就是立刻丢掉自己的生意。如果在这个市场上取得成功显然是一桩非常有利可图的事业，而成功却有赖于建立起信誉，那么，每家银行都将致力于获得人们的信任，让人们相信，它有能力也有决心实现其所宣示的目标。在这样的竞争格局下，仅仅是获取利润的动机本身，就能形成一种比政府发行的货币更佳的货币"（哈耶克，2007:55—56）。

在自由竞争的环境中，既然受利益驱动和信誉机制约束，银行有足够的动机保持货币价值稳定；那么，私人发钞行可以通过什么渠道来确保其货币价值稳定呢? 哈耶克假定发钞行的目标是保持价格总水平的稳定,即保持其发行的通货与某种商品的特定组合的恒定比例,则它会通过调整流通中的通货总量来抑制价格总水平上升或下降的趋势。具体而言,发钞行可运用两种办法来改变其发行的通货总量:一种是以其他通货(或证券及其他商品)为工具出售或回购其发行之通货;另一种是收缩或扩张其放贷活动。换言之,在竞争性货币体系下,发钞行可以通过基础货币之吞吐或者信贷规模之伸缩来改变其发行之通货的总量。

哈耶克(2007:66)论述道:"为了确保其发行之通货的价值保持恒定,发钞行必须记住的一点是,永远不要将发行总量增加到某一水平之上,在这一水平,公众无须增加它的支出——从而推升以其所表示之诸商品的价格——即可持有它;它也绝不能将其总量压缩到某一水平之下,在这一水平,公众持有它而不会减少对它的支出从而压低商品价格。"换言之,在竞争性货币体系下,发钞行既要避免货币贬值引发通货膨胀,也要防止货币过快升值导致通货紧缩。因此,发钞行不得不紧盯自己发行的通货的流通量变动直接对其他商品价格的影响,同时更得关注它与那些商品赖以进行交易的诸货币的兑换率。发钞行通过观察以自己货币表示的商品价格及通货交易所中的货币兑换率来调整货币的供应量,从而保持其货币价值稳定。

哈耶克(2007:108)认为:"在允许若干不同货币的发钞行在不受政府干预自由展开竞争的情况下,似乎不大可能出现价格普遍上涨或普遍下跌的局面。如果始终存在一家以上发钞行,它们将会发现,不断调整自己的通货供应量,以使该通货的价值始终与一揽子被广泛使用的商品的价格水平保持恒定，会对自己有利。这很快会迫使那些发行其他货币的不太审慎的发钞行不得不停止投机取巧，听任它们的货币币值滑落，假使它们不愿意完全丢掉自己的发钞生意或者看着自己的通货之价值下跌为零的话。"

概言之，哈耶克的货币非国家化理论认为，在竞争性货币体系下，发钞行出于对利润的追求而自律约束其发钞行为，以保持货币价值稳定。

对哈耶克货币非国家化理论的争论

自哈耶克 1976 年提出货币非国家化理论以来，货币竞争性发行的可行性及合意性备受争议。争议的焦点是，在竞争性货币体系下，私人银行是否有足够的激励维持币值稳定。哈耶克坚持认为，激烈的市场竞争将会迫使私人发钞机构不得不保持足够的谨慎，因为"如果发钞行不能满足人们的预期，就有可能迅速丢失其整个发钞业务，这种恐惧将能提供一种比任何政府垄断所能提供的更强大的保险机制"（哈耶克，2007：52）。哈耶克强调，发钞行在市场上取得成功显然是一桩非常有利可图的事业，成功却依赖于建立信誉，每家银行都将致力于获得人们的信赖。哈耶克（2007：55—56）相信，"在这样的竞争格局下，仅仅是获取利润的动机本身，就能形成一种比政府发行的货币更佳的货币。"

实际上，在哈耶克之前已有研究者提出货币竞争的主张。例如，克莱恩（Klein，1974）分析了不同情形下企业发行货币的行为。在完全信息下,企业的超发已经被消费者预知,某货币的超发将实时反映在其货币价格上,企业的超发收益将被其货币价格上涨而完全抵消。在不完全信息条件下,消费者依靠品牌来识别发行企业的信用,企业则通过建立声誉提高品牌知名度并获取商誉资本收益。企业超发将使其商誉资本下降,其货币价值也随之下降。克莱恩(Klein,1974:423—463)认为,在任何情况下,将自己的货币故意贬值至零绝非一个财富最大化的选择。塔洛克(Tullock,1975)则提出,如果消费者拥有货币的选择权,当本国货币出现通货膨胀,预期的货币贬值大于资产转换的交易成本时,消费者将会更多地选择替代资产而减少本国货币购买。这种资产转换的过程是自我强化的,消费者预期通货膨胀的货币逐渐退出流通,退出的速度则与替代资产的可获得性、习惯等因素有关。

哈耶克在 1976 年出版的《货币的非国家化》,是其于 1974 年获得诺贝尔经济学奖之后发表的纯经济学著作,自然引起了学术界的广泛关注。相关研究沿着两条路径讨论货币竞争问题:一条路径主要从时间不一致性角度质疑货币竞争的可行性,另一条路径则试图对竞争性货币体系施加更多的约束条件以确保竞争的有效性。

针对早期提出的私人发钞的观点,米尔顿·弗里德曼(Friedman,1960:7)指出,竞争性发行是不可行的,因为私人发行者发现超发货币是有利可图的,均衡中货币将分文不值。正如哈耶克在《货币的非国家化》中指出的那样,弗里德曼所讨论的私人发钞实际上是由不同银行发行同一种货币,而非发行不同的货币,并非货币非国家化理论所主张的竞争性发行。布莱恩特(Bryant,1981)在萨缪尔森迭代模型的基础上,推导出除非发行不兑现纸币所附加的成本正好等于其价值,否则不兑现纸币的竞争性供给是无效率或不可行的。布莱恩特认为当且仅当发行一单位货币的价值低至其发行成本时,不兑现纸币的竞争性供给才可能出现一个稳态的货币均衡,而这种情况很少出现。布莱恩特的模型揭示了与弗里德曼结论相同的含义:只要单位货币的面值高于其发行成本,私人发行银行将无限供给货币。

陶布(Taub,1985)同样在萨缪尔森迭代模型下,具体分析了在无反馈控制和反馈控制两种机制下[①]企业的发钞行为。陶布分析认为,无反馈控制机制下企业的发行政策是动态不一致的,企业将在每一期违背其承诺,因此需要外部执行代理人的监督。在反馈控制机制下,企业每期更新其发行决策,竞争无法实现弗里德曼规则(货币的名义利率为零),均衡中货币的价值为零,这部分证明了货币的发行为自然垄断的无名氏定理。陶布的结论是,在引入更为现实的控制结构时,企业对其发行只能做出暂时的承诺,其结果是货币的真实余额接近于零,竞争无法克服动态一致控制结构的无效率问题,只能由政府垄断供给货币,私人市场难以实现物价稳定。

凯文·多德和大卫·格林纳威(Dowd and Greenaway,1993)认为即使存在货币竞争,货币的替代也是非常有限的,因为货币的替代受货币的网络效应和转换成本两个因素制约。只有当转换新货币的净效用大于转换成本时,代理人才会替代旧货币。如果快速的通胀只是导致有限的货币替代,那么货币当局会在其市场份额显著下降之前清除这些不良影响。因此,货币竞争只会对致力于制造适度通胀的中央银行产生很小的约束。

因此,劳伦斯·怀特(1999:217)在总结反对论者的意见时指出,哈耶克未能揭示为什么发行人不愿意破坏其关于稳定的购买力的承诺,由于强留在行业中的利润可能还比不上不遵守承诺,私人发行不兑现货币的可行性值得怀疑。在不完全预见的情况下,发钞行可以利用时间不一致性欺骗公众,以高于公众预期的比率扩张兑换券发行从而获取高额利润,即使引入货币企业的"商誉资本"也不能解决欺诈问题,竞争性发钞行追求利润的结果是制造通货膨胀。

货币竞争反对者的分析存在两个问题。第一,反对者假定发钞行的目标函数是最大化其铸币税收益,这仍然是在货币垄断发行的语境下讨论货币竞争问题,忽视了货币替代对发钞行行为的约束作用。实质上,时间不一致性不适用于货币竞争性发行的情形。因为银行要实现其超发收益,必须将其超发货币转换成其他资产或购买消费品,其货币供给随之增加。在其他条件不变的情况下,该货币价值必然下降,这种货币价值的波动将会实时反映在货币汇率的波动上,消费者可以根据汇率变动做出货币替代的选择。因此,货币垄断类似于一次性博弈,时间不一致性问题将导致银行违约;货币竞争类似于重复博弈,时间不一致性问题至少被大大减弱。

值得注意的是,普通商品的质量信息是难以鉴别的,或者鉴别成本很高,或者存在时滞,使得厂商可以利用时间不一致性欺骗消费者获取收益。然而,货币市场的信息是完全的,消费者可以根据不同货币的汇率涨跌来识别不同货币的质量(价值是否稳定)。尤其是在信息技术高度发达的条件下,发钞行的欺骗行为将实时暴露于公众面前,甚至在发钞行尚未真正实施欺骗行为之时,货币汇率已然发生变动,产生不利于潜在欺骗者的后果,从而预防发钞行的欺骗行为。

第二,反对者假定发钞行只关心发行收益,而忽视了由发行领域建立起来的良好声誉为银行商业信贷等业务所带来的巨额收益。银行商业信贷规模与其货币的信誉正相关,某货币信誉越好,人们越乐于持有和使用该货币,以该货币表示的信贷规模越大,银行商业信贷的收益越高。因此,发行与信贷形成了一个关联博弈,发钞行为了获取持续的信贷收益而不得不在兑换券发行上保持足够的谨慎,以维护其声誉。

支持货币竞争的文献则通过对货币市场施加诸如钞票赎回机制、代理人足够耐心、银行部门交易历史公开、获得兑换券发行权的成本及代理人信念等约束条件,证明货币竞争是可行的。里卡多·卡瓦尔康蒂等人(Cavalcanti et al.,1999)在一个随机匹配模型中证明,由于储备不足以应付兑现需求,银行将面临清算的威胁,因此,钞票赎回机制能够有效地约束私人银行发行货币的数量。当银行业务有利可图时,私人在兑换券发行上将表现得相当谨慎。不排除个别银行失败的可能,即过度发行导致储备不足兑现而面临清算。但他们认为,当经济中的贴现率很小(银行足够耐心)时,很少有银行会因过度追求铸币税而使其身陷囹圄(面临清算),大部分银行会选择足额准备金发行业务,因为银行清算所损失的收益会大于增发一单位货币的短期收益。

卡瓦尔康蒂和华莱士(Cavalcanti and Wallace,1999a)在一个两部门的随机配对模型中证明,银行部门交易历史公开足以防止其超发货币,因为一旦银行违约,其他人将会采用物物交换施以惩罚,其货币将一文不值,违约银行将会丧失交易带来的好处以致银行收益为零。卡瓦尔康蒂和华莱士(Cavalcanti and Wallace,1999b)将上述分析逻辑扩展至不兑现货币,认为人们对违约银行施以物物交换的惩罚对两种类型的货币均有效,不兑现货币的执行产出集合是兑现货币执行产出集合的子集。

亚历山大·贝伦森(Berentsen,2006)在一个可分货币及真实商品的随机配对模型中证明,不兑现货币的私人供给在满足下列两个条件时存在货币均衡:第一,货币发行垄断者的交易历史信息透明公开;第二,如果垄断者偏离其公布的发行政策,存在一种惩罚机制——所有交易者将放弃货币转而物物交换——可置信地完全消除了垄断者任何未来的利润。因此,在贝伦森看来,惩罚策略有效地消除了时间不一致性问题,其模型结论与卡瓦尔康蒂和华莱士(Caval-canti and Wallace,1999a;1999b)的分析类似。

马丁和施雷福特(Martin and Schreft,2006)引入获得兑换券发行权的成本及代理人信念两个约束条件,分别研究了发钞行的数量及货币发行规模的影响因素,证明获得发行权成本越高,发钞行数量越少,作为货币发行者的价值越高。银行的货币发行数量则受代理人信念的约束,当银行的货币发行数量超出代理人预期值时,代理人相信超发的货币是毫无价值的,因为没有其他代理人愿意用商品交换这一货币,银行的超发收益为零。但当生产成本很低、货币发行联盟成员内部承诺兑现超发货币时,代理人信念对发钞行的约束将会弱化。

支持货币竞争的文献试图通过对货币市场施加额外的约束条件

来论证货币竞争的可行性,但这些条件并非货币竞争有效的必要条件。例如,塔洛克(Tullock,1975)提出的货币替代主要是指不同国家货币之间的替代,而不同国家货币之间的替代会受到国际政治、经济、军事等诸多因素的影响,其货币替代进程会比哈耶克所设想的一个国家内部基于纯市场竞争的货币替代困难得多。卡瓦尔康蒂等人(Cavalcanti et al.,1999)提出在银行部门交易历史公开的情况下,如果银行超发货币,消费者将会完全放弃使用货币转而以物物交换来惩罚违约银行,这种惩罚机制的成本对消费者而言是很大的,除非货币超发导致了非常严重的通货膨胀,否则消费者不会轻易回到物物交换的情形。马丁和施雷福特(Martin and Schreft,2006)提出代理人信念,认为银行超发的货币将一文不值。实际上,消费者在判断一家银行是否超发货币时,不是观察银行发行额是否超过预期值,而是比较不同货币的汇率之变动及以该货币表示的商品之价格是否稳定。因此,这些机制并非货币竞争的必要条件。钞票赎回机制当然能够约束发钞行不超过其准备金数量来发行货币,但如果银行竞争发行的是不兑现的纸币,那么市场竞争是否依然能够约束发钞行呢?

虽然克莱恩(Klein,1974)认为商誉资本在理论上将发挥作用,但在两年后对塔洛克的评论文章中,克莱恩(Klein,1976:516—517)却认为货币竞争尚未得到经验证据的支持。根据美国1880—1972年的货币需求函数,克莱恩认为美元价值不稳定反而增加了市场对美元的需求。但克莱恩的分析有两个问题。第一,美国1880—1972年间并不见得存在货币竞争,即使是国际领域之间的货币竞争也是不完全的。自1944年布雷顿森林体系建立至1971年瓦解,美元超发导致贬值,世界各国央行尤其是欧洲各国央行纷纷以美元要求兑换黄金,以致美国黄金储备枯竭,最终使得双挂钩体制瓦解,说明货币替代确实存在且有效。第二,从其回归方程来看,物价波动变量对货币需求的参数估计值虽然为正,但在统计上是不显著的。

换言之,钞票赎回、物物交换惩罚、代理人信念为货币替代提供了一种特殊的而非一般性的启动机制,即上述机制只是货币替代的充分条件,而非必要条件。实际上,在更为宽松的条件下,货币替代即可发挥功效。例如,即使在不兑现货币体系下,一旦货币汇率波动,人们即可能抛售贬值之货币购入升值之通货,这种初始的货币替代会拉大两种货币价值的差距,货币替代进程会自我强化。现实情况是,消费者并非以成本高昂的物物交换来惩罚违约银行,也不是观察银行发钞数是否超过其预期值,而是直接根据不同货币的汇率变动以及根据某种货币表示的商品价格之涨跌来做选择。

实际上,哈耶克提出的信誉机制为约束私人发钞行行为提供了一个一般性的机制,下面我们将对市场竞争条件下的信誉机制展开分析。

约束银行货币发行的机制

竞争性货币体系与中央银行货币体系有本质区别,消费者与发钞行的行为将产生质的变化。在中央银行垄断货币体系下,法定货币是唯一合法流通的货币,消费者没有货币的选择权,即使法定货币贬值,消费者仍然不得不使用法定货币作为交易媒介及主要的价值储藏手段,中央银行可以通过增发货币向消费者征收铸币税。在竞争性货币体系下,多家银行发行不同的货币相互展开竞争,消费者可以自由选择自己所偏好的货币作为交易媒介。货币的网络效应决定了消费者会基于其他人的偏好而做出选择,一个共同的选择标准是币值的稳定性。消费者之所以偏好于币值稳定的货币,是因为他相信在未来的交易中其他人会平价地接受稳健的货币,而不致遭受货币贬值的损失,最终的结果是良币驱逐劣币。②

在两种货币体系下,银行的收益和成本结构也大为不同。假定银行同时从事发钞业务和存贷等商业银行业务。在垄断发行情形下,银行所发钞票的流通是由法律规定保证的,货币发行的规模扣除发行成本即为其发行收益。当然,银行通过存贷、贴现、汇兑等商业银行业务也可以获取收益,但相对于排他性的发钞业务来说,商业银行业务是耗时费力的,远不如发钞业务收益来得便利。因此,在垄断货币体系下,银行更为注重发钞业务而非商业银行业务。在竞争性货币体系下,银行必须通过市场的方式推广其货币,投入资源树立良好的声誉以吸引消费者,而这些商誉资本的投资是成本高昂的③,这构成了银行经营的主要成本之一。④银行的收益则与货币发行的准备金制度有关。

在100%准备金发行时,发钞业务本身并不会给银行带来直接的收益,而仅仅是资产形态的转换,即从准备金资产转换成兑换券,银行的发行收益为零。但银行未直接从发钞中获益,不代表银行发行兑换券毫无意义。相反,由于准备金(如金银)的运输和携带成本过高,或者流动性较差(如有价证券),这种资产的转换大大地便利了银行以所发兑换券从事信贷业务,从而扩大其贷款规模,增加其利息收入。换言之,即使是在100%准备金发行制度下,银行仍然可以从发行中获得间接收益。

在不兑现纸币的情形下,银行须在发行收益和信贷收益之间进行权衡。一方面,银行发行货币的规模扣除发行成本后获得发行收益,不兑现货币的发行成本可视为零,货币发行量即为其发行收益。另一方面,银行以其所发钞票及吸收存款开展信贷业务,可以获得利息等收益。银行似乎可以无限增发获取与发钞量等额的发行收益,但与垄断货币体系下银行倾向于无限增发不同,银行之间的竞争将迫使其控制发行规模。因为消费者对某一种货币的需求质量弹性是很大的,一旦超发,该银行货币价值将会下跌,其购买力下降,将会引发人们抛售其货币。更为糟糕的是,超发银行的声誉将会因此受损,同业及消费者将对银行的清偿能力产生怀疑,其商业银行业务规模会大幅缩减,甚至招致挤兑,从而进一步导致其实际清偿能力和声誉下降,这种恶性循环的最终结果是银行破产(或濒临破产)。因此,在竞争性货币体系下,尽管银行名义上可以获得发行收益,但考虑到货币替代及声誉下降对商业银行业务的负面效应,发钞行面临更为复杂的权衡:一方面,银行需在发钞量和钞票购买力之间权衡,发钞量过多,购买力下降,银行可能得不偿失;另一方面,银行还需在短期的发钞收益和长期的信贷收益之间权衡。

在部分准备金发行情况下,银行的收益介于100%准备金和不兑现货币两种情形之间。假设银行准备金比例为 $a(0<a<1)$,则银行发行一个单位的货币可以获得 $1-a$ 个单位的发行收益。银行所发

兑换券的信用，一是通过准备金得到保证，二是依赖银行发钞和经营的稳健性。⑤另外，银行可以凭借其所发兑换券从事信贷业务，兑换券的信用越好，人们越乐于持有该兑换券，银行贷款规模越大，利息收益越高。

概言之，在垄断发行条件下，货币替代的缺位使中央银行拥有货币发行的自由裁量权。在竞争性货币体系下，100%准备金制度的回赎机制约束了发钞行的发钞量；不兑现货币和部分准备金制度下，发钞行必须在短期的发行收益和长期的信贷收益之间权衡。与垄断发行不同，在竞争性发行下，银行的收益很大程度上取决于其声誉。

银行投资于声誉的回报有两方面：价格溢价和规模收益。⑥消费者大多是风险厌恶型的，他们更愿意将资产储存在声誉好的银行，以确保其资产安全。因此，声誉好的银行在从事信贷等商业银行业务时将获得两方面的优势。第一，可以较低的成本从事信贷业务，如声誉好的银行只需要向消费者支付较低的利息，同时以较低的存款准备金率发放贷款，获得价格溢价。其中的原因是，消费者相信，声誉好的银行在发放贷款时是相当谨慎的，所以消费者提现的动机较弱，银行可以将更多的储蓄存款用来放贷。第二，银行的运营成本由固定成本和可变成本构成，其中固定成本占较大比重⑦，可变成本比重较小。声誉好的银行能够吸引更多的客户，其边际运营成本递减，平均成本亦随着客户数量的增加而下降，获取规模收益。因此，对银行而言，尽管对声誉的投资成本高昂，但其收益也是非常可观的。

如图2.1所示，在垄断发行条件下，银行的收益由发行收益和信贷收益构成。垄断发行的银行其货币发行规模即为发行收益，以所

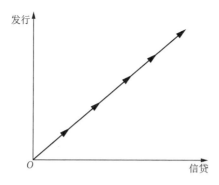

图 2.1 垄断发行的收益

发钞票从事信贷业务获取的利息为信贷收益。由于消费者没有选择货币的权利,市场中不存在货币替代。垄断银行并不会因为超发货币而信誉受损,从而使得其信贷收益下降。因此,银行倾向于无限增发货币。当然,在现实中,一国中央银行也会根据宏观经济形势调整货币数量,从而呈现出货币扩张和收缩的动态变化。但满足政府财政需求或者保持经济增长(充分就业)往往会在各种目标中占据优势地位,扩张货币出现的频率会大大高于收缩货币的频率。

图 2.2 描述了竞争性货币体系下银行如何在发行与信贷之间进行权衡。在图中,L 代表银行的预算约束线,预算约束线的斜率由发行收益率和信贷收益率[⑧]之比确定,预算约束线的位置则取决于银行的要素禀赋,如发行准备金、实收资本、存款规模及其商誉资本。R 代表银行的收益无差异曲线,银行的收益由发行收益和信贷收益构成。在给定要素禀赋下,银行的发行收益和信贷收益是替代的:给定其他银行货币发行量保持不变,银行 i 增加货币发行量,其货币价值下降,消费者对其货币需求量下降,其信贷收益则减少。

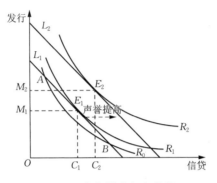

图 2.2　竞争性发行之收益

从静态的角度来看,给定银行 i 的要素禀赋为 L_1,银行所能实现的最高收益水平为 R_1,其在发行和信贷方面的权衡选择在点 E_1 达到均衡,均衡中货币发行量为 M_1,信贷规模为 C_1。实际上,如果银行过分地追求发钞规模(如点 A),或者在发钞上过于保守而追求信贷规模的扩张(如点 B),其收益并未实现最大化(位于 R_0)。市场竞争及谋求利润最大化的动机将迫使那些过量发行的银行收缩其发钞规模,而那些过于保守的银行则可以适度增加发钞量,点 A 或点 B 将逐渐移动至点 E_1 实现均衡。

从动态的角度来看,如果银行的要素禀赋增加,银行可以同时增加其发行收益和信贷收益。例如,当银行 i 声誉提高时,相对于其他银行而言,银行 i 的货币更受消费者欢迎,消费者更愿意将其资产储存在该银行或者从该银行中获取贷款,银行 i 的预算约束线从 L_1 移动至 L_2,其可实现的最大化收益从 R_1 增加至 R_2,均衡点从 E_1 移动至 E_2,发钞量从 M_1 增加至 M_2,信贷规模从 C_1 增加至 C_2。因此,注重维护其声誉的银行的发钞量和信贷规模可以同时增加,其预算约束线和最大收益线都向外移动。

综上所述,在竞争性货币体系下,给定银行要素禀赋,由于货币替代的作用,发钞行必须在发行和信贷之间进行权衡选择以实现收益最大化;银行致力于提高其声誉实际是增加银行要素禀赋,有助于扩大银行发行和信贷规模,从而提高银行收益。

本章提出以下理论假说:在竞争性货币体系下,银行的声誉主要依赖于其货币价值的稳定性,声誉机制能够有效地约束发钞行的兑换券发行行为,使其保持货币价值稳定。银行之所以要维护其声誉,是因为声誉能够带来诸多经营优势,进而增加银行的利润。因此,银行出于对长期利润的追求不得不谨慎发行以保持货币价值稳定。

注释

① 无反馈控制要求企业在期初即确定随后所有时期的货币增长率,反馈控制要求企业每一期更新其决策。

② 哈耶克(2007:44—45)指出,格雷欣法则(即劣币驱逐良币)只适用于由法律强制规定几种不同的货币之间维持一个固定的兑换率之时。但如果兑换率是可变的,则质量低劣的货币就只能得到较低的估值,尤其是它的价值如果还会继续下跌,则人们会立刻脱手,出现良币驱逐劣币。

③ 劳伦斯·怀特(White,1995:7)在兑现货币的背景下指出,印刷钞票并将之推入市场和在竞争性的环境中维持其货币的流通,对于银行来说是两回事,银行必须耗费资源使其货币的质量至少对部分公众而言是最具吸引力的。货币质量主要有三个维度:钞票赎

回的便利性、公众对钞票可靠性的信心、向钞票持有者支付的利息多寡。

④ 当然,银行的显性营业成本主要是为吸收存款所支付的利息及办公开支、职员薪酬等。这些成本在垄断货币体系下也是类似的,本章关注的是与垄断货币体系不同的成本。

⑤ 关于这一点的典型例子是,1916 年北洋政府发布停兑令,要求中交两行各地分行停止兑现。其中,交通银行因为为北京政府当局垫款过多无法成功应对挤兑危机,而不得不停兑,造成货币信誉受损;中国银行因为经营稳健和应对得当顺利度过了停兑令危机,其货币信誉大增。

⑥ 约翰内斯·霍纳(Horner,2002)的声誉模型表明,企业成功的回报,一是企业改善声誉可以向消费者索取更高的价格,二是能够吸引更多的消费者。

⑦ 如在繁华地段购置办公大楼、广告宣传支出、人力资源费用等。

⑧ 发行收益率=(发行规模×货币购买力-发行成本)/发行成本。给定其他条件不变,银行发行规模越大,其货币购买力越低,即发行规模与购买力之间存在替代关系。信贷收益率=(利息等收入-经营支出)/经营支出。

第三章 中国汉代铸币的经验

本章以汉文帝和景帝时期的"使民放铸"政策和汉武帝时期的"公铸＋禁铸"政策为例,考察在铸币领域引入市场竞争对货币质量的影响。汉文帝"使民放铸"政策得到了古今学者截然相反的评价。较早的评价来自当时的著名学者贾谊,在《谏放民私铸疏》[①]中,贾谊认为放任私铸必将导致"黥罪积下""殽杂为巧""钱文大乱",即货币减重、通货膨胀、物价上涨乃至货币体系崩溃。这一看法在很长一段时期中主导了此后的历史学界。[②]当代不少学者认为民众铸钱必然难以统一货币形制,如杜维善(2000:101)否认民众私铸的四铢半两"符合标准",而是认为其"范式非常多"。[③]这一点与宋叙五(1971:131—138)的叙述吻合,且与彭信威(2007)对中国古代"自由放铸"现象的论述可相互印证。彭信威(2007:146)指出,"中国古代的自由铸造,是指自由盗铸,人民不但用自己的金属,并且用自己的设备和人工技术,甚至用自己所定的重量和成色的标准"。[④]

当代逐渐有学者对"放铸"政策持肯定的观点,彭信威(2007:119)肯定了"西汉因通货减重而大跌的币值,在文帝手中慢慢恢复了"的事实,萧清(1984:82—87)则进一步看到了"使民放铸"与"文景之治"的关联。陈彦良(2007,2008)以出土钱币实物实测数据为中心,证明了"放铸"政策的成功,进而对放任政策的制度特征加以考察，还以格雷欣法则（Gresham's Law）解释成功的原因。石俊志（2009：929）指出在中国两千年货币史中，"只有文帝四铢成功地实现了金属铸币的自由铸造"，并阐明了自由铸造使铸币价值和铸币所包含的金属价值保持一致，且可以保证铸币量自发地适应商品交换对铸币流通总量的客观需求两大经济意义，还看到了此时期"半两钱质量精良、形重规范"，"有效地抑制了劣质钱币的产生和泛滥"的积极效果。汪圣铎（2004：52—56）、王献唐（2005：232—257）、王雪农和刘建民（2005：51）都对文帝配合"放铸"所采取的官方督查制度多有赞言，指出这是一种"放开铸造权，严把验收关，以法律为依托，以制度为保障，民间铸钱纳入国家管理范畴，有标准，有措施，有专职管理人员管理，有特定检测器具的由国家宏观控制的经济行为"，其"较之高帝放铸时，漫无法守，固不可同日语矣"。

综上所述，对汉文帝"使民放铸"政策的研究以历史学的史料整理、档案查考甚至文字学校雠为主，镜像式的定性分析多于定量分析。此外，西汉文帝和景帝时期采用"使民放铸"政策，放任私人铸币，到汉武帝时期则将铸币权收归国有，但这两个历史时期国家规定的货币形制和重量则维持不变，这为比较"私铸"和"公铸＋禁铸"这两个时间上先后存在而又截然对立的货币体制的绩效提供了一个自然实验。因此，本章将"货币非国家化"理论与汉文帝"使民放铸"政策相结合，整理考古学和钱币学与铸钱重量及成色有关的数据，利用规范的经济学方法研究"放铸"政策及官铸政策下的不同货币绩效，重点在于阐明货币市场竞争发挥作用的机制。

从"使民放铸"到"公铸＋禁铸"

中国货币历史悠久,种类繁多,但铸币权大多由官方控制。自秦统一六国后,官方虽将方孔半两钱作为法定货币,使古货币的形态从此固定下来,但并未实现货币体系的统一标准化,混乱的货币制度一直延续到西汉。西汉初期的高祖、惠帝、吕后执政三朝尝试发行过几种货币,如榆荚半两、三铢半两、八铢半两、五分钱等,但都面临泛滥的盗铸和严重的通货膨胀问题。在此背景下,西汉文帝实行货币改革,这是中国货币史上罕见的在法律意义上私人铸币合法化的时期。⑤货币改革的主要内容有两方面:首先,铸币采取"法重四铢,文曰半两"的形制,明确规定法定重量是"四铢"(约合 2.604 克),"半两"并非官府规定的法重,亦非钱币之面额,而仅是铜钱的名称;其次,官府正式赋予私人以自由铸币权。⑥汉文帝推行铸币的放任政策,让民间拥有自由铸币的权力,不仅是秦汉历史上第一次,以其程度与规模而论,可能是秦以后帝制时期唯一的一次(陈彦良,2007:323)。

中国历史上使用铸币的朝代,其铸币从朝代初期至后期多呈现出一种模糊的减重趋势。图 3.1 是清代通宝从顺治到宣统的实际重量及含铜量参数走势,图 3.2 是秦汉时期铸币及其含铜量的法重符合百分数走势。⑦比较两幅重量走势图的大致形态可见,清代货币质量下降趋势非常明显,铸币实际重量均值从朝代初期顺治时的约3.878 克逐渐下降到末期宣统时的 2.394 克,实际含铜量均值亦从2.462 克降至 1.323 克。而西汉文帝、景帝放任私铸的举措在一定程

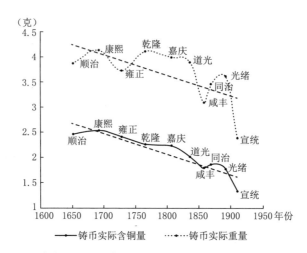

图 3.1　清代通宝重量参数趋势:从顺治到宣统(1644—1912 年)

注:铸币实际重量及含铜量数据为清代各执政朝代平均。
资料来源:周卫荣(2004:96—100)。

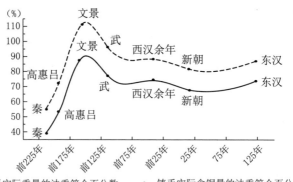

图 3.2　秦汉时期铸币法重符合百分数走势

注:"法重符合百分数"的详细算法见下文表 3.2;铸币实际重量及含铜量的
法重符合百分数为各时期样本的平均值。
资料来源:周卫荣(2004:30—45),杜维善(2000:157—300),江庆正、朱活、
陈尊享(2002:65—244),王雪农、刘建民(2005:204—435)。

度上遏制了铸币在一朝代内不断减重的趋势，呈现出整个秦汉时期铸币质量的高峰。

汉文帝的放任私铸政策并非孤立实施的。朝廷采取了多种措施，确保货币市场有序运行，如提供铸币标准、实行监督审查、建立市场规范，特别是实行"称钱衡"制度。杨际平（1990：120）通过对《汉书·食货志》的考订，推测西汉朝廷为民众铸钱提供了可资参考重量及原料标准，令百姓依照范式仿铸，而非随意铸造。此外，文帝朝廷对民间铸钱执行制度性的官方督查手段，实行黥罪律令，严格执行流通钱币大小、重量标准，并安排专职官员作为制度保障。王雪农和刘建民（2005：48）将文帝的"放铸"制度称为"私铸官验"制度，石俊志（2009：89）则将这一制度称为"官督民铸"制度。

除督察之外，官府还规定了对市场上流通的铸钱重量进行称量和鉴别的制度，即称钱衡制度。此方面具有说服力的考古发现是1975年湖北江陵纪南城 M168 号汉墓出土的汉文帝前元十三年（公元前 167 年）的 101 枚四铢半两钱和一件被铭以"正为市阳户人婴家称钱衡"的类似天平的衡杆。衡杆上 41 字墨书中有"以钱为累，劾曰'四朱''两'""敢择轻重衡，及弗用，劾论罚鍭，里家十日。??《? 黄律》"[⑧]等字样。随其出土的还有圆环形的专用砝码，砝码实重 10.75克/枚，恰合 16 铢，为符合法度的 4 枚四铢半两钱的重量。我们认为，在货币质量的改善上，相较于官府的稽核等政策及制度保障，称钱衡是更加有效地保障市场良好运行的仲裁工具。称钱衡制度最显著的特点不在于由上至下的政策执行的严明性，而是它事实上表达了一种以自由市场为核心，经由市场途径合理取求、公平交易的规则:如果持良币进行交易,买方将要求卖方添加商品("或用重钱,平称不受");如果持劣币进行交易,卖方将要求买方加钱["或用轻钱,百加若干",均引自《汉书·食货志》(下)]。这种规则赋予了市场参与者对钱币质量进行鉴别的基本意识和权利,并且提供了一个有效率的标尺。相较于此类强调经济主体自发性的规则,上述官府的核查不是最重要的。

货币竞争的机制:格雷欣法则与称钱衡制度

格雷欣法则

针对格雷欣法则在货币史上的滥用,罗伯特·蒙代尔曾做过较为详细的研究。蒙代尔(2003)认为,格雷欣法则旨在概括一个非常明确的通货原理,但无论"劣币驱逐良币"这个说法多么有力,它也并不能恰当地表达这个原理。即使是极具权威的学者,也常常曲解格雷欣法则。格雷欣法则的含义是:当两种交换媒介一起流通时,较有价值的媒介趋于从流通中消失。在最广泛的意义上,格雷欣法则可以表述如下:当法律允许政府赋予两种或更多流通媒介以同样面值,而这些媒介的内在价值各异时,交易支付总是尽可能使用生产成本最低的那种媒介,最有价值的媒介将趋于从流通中消失。如果流通的媒介总量不足以满足通货的要求,较有价值的媒介将直接出现溢价或贴水。

但是,从严格的意义上说,"劣币驱逐良币"并非如熊彼特认为的那样是"不那么正确的",而是完全错误的。与此相反,"良币驱逐劣币"才是更正确的经验命题。历史上总是那些优良的强势货币驱逐弱势货币,在竞争中取得支配地位。内在一致、高度稳定、质量优良是良币的共同品质,它们将在竞争中胜出,19世纪的英镑和20世纪的美元都是如此。同样的结论也适用于充当货币的金属。因此,格雷欣法则的正确阐述是,如果"交换价格相同,则贱币驱逐贵币"。综上所述,格雷欣法则存在两种表述:如果两种(或几种)货币的汇率是固定的,则"劣币驱逐良币";如果汇率不固定(浮动),则相反的情形会发生,即"良币驱逐劣币"。

称钱衡制度

在西汉文帝放任私铸时期,货币市场的竞争之所以能够发挥作用,称钱衡制度是重要的原因。正是这一制度使得不同质量的货币的交换价值是不固定的,由此质量优良的铸币驱逐了质量低劣的铸币。由于竞争的作用,市场中留下来的基本是质量优良的铸币。江陵纪南城汉墓出土的称钱衡表明,文帝时期钱币称重的问题已经得到解决:凡商民买卖所用钱,都需经过称钱天平的称量,测其实重,不可逃避,否则就要受到法律的惩处。

称钱衡制度规定,在市场交易过程中,铜钱的使用必须经过官府所颁布的钱秤的称量,否则不得交易。它在法律上保证了市场中钱币鉴别的合法性,也为人们提供了质疑实际重量与法重的不等关系的正当性。在市场交易对等的情况下,这使得劣币的铸造者修正他们的行为,鉴于不足值的货币根本无法在市场上流通,货币铸造者不得不提升铸币的质量,货币市场产生激烈的竞争。

格雷欣法则在称钱衡制度下的运行机理是,以称钱衡制度为代表的市场仲裁机制保证了交易双方对货币质量信息的充分对称,可使铸币的真实价值得到确认。被用于支付的劣币可以简易地被辨认出来,减重货币的购买力下降在当期就得到体现,从而市场交易方自然不会按照法定面值接受劣币(唯一的可能是按照贵金属实际含量打折接受劣币)。由于信息的充分对称,良币和劣币之间没有固定的交换比率(Friedman and Schwartz,1963),达标或超重的半两钱就有比减重的半两钱更高的实际购买力,"劣币驱逐良币"的结果就不具备达成的条件。由此可见,在称钱衡制度下,良币和劣币之间质量信息充分对称与二者的汇率不固定,在理论上是等价的。此外,一般意义上的格雷欣法则事实上是哈耶克表述的"逆向淘汰机制"⑨的结果,需要良币、劣币之间存在固定的兑换比率和同等的法偿能力,而这种人为固定兑换率的工作多数时候是由政府的强制力完成的。⑩然而,汉文帝时期的自由放任状态事实上导致了一个公允的市场定价模式的形成,由于诸交易方之间存在议价与博弈,拥有较高竞争力和适用性的良币自然受到欢迎。称钱衡制度使得劣币与良币之间的交换比率并非固定,促成"良币驱逐劣币"的情形,带来钱币质量的普遍提升。

行钱律

与称钱衡制度截然相反的情形是总与官铸政策并行的行钱律,

二者恰好对应了格雷欣法则的两种形式。强制良币、劣币一起流通的行钱律使得良币遭到劣币驱逐,这是秦末汉初货币体系崩溃的制度性原因。汉文帝前的秦汉官府垄断货币铸造权,其主要保障手段在于以法律(行钱律)保护不足值货币的流通。"行钱"系指国家认定的、合法流通的现行钱币,语出汉初《钱律》。[11]《钱律》要求"钱径十分寸八以上,虽缺铢,文章颇可智,而非殊折及铅钱也,皆为行钱",并要求"敢不择取行钱、金者,罚金四两"。[12]事实上,行钱律的思想在秦代《金布律》[13]条文中已有显现。当时钱、金、布三者皆属于得到官府承认的交易媒介,且有固定的比价,律文要求"贾市居列者及官府之吏……择行钱、布者……皆有罪",即强制官府和商贩必须同等接受品质不一的铜钱,在规定劣质铸币也有走向市场可能性的同时,取消了人们通过市场等其他手段判断并选择优/劣质货币的权利。值得留意的是,《金布律》记载了该政策实施的后果:"官府受钱者……钱善不善,杂实之……百姓市用钱,美恶杂之,勿敢异"[14],可见行钱律施行时期的钱币质量不容乐观。与此同时,私人盗铸现象又屡禁不止。

　　行钱律不允许铸币使用者"择行钱布",即人们不能质疑实际重量与法定重量的不等关系。当铸币的实际重量低于法重时,政府实际上收取了两者差额重量的铸币金属所代表的购买力作为铸币税。但这又导致私铸的泛滥,从而使市场中总的铸币数量急剧增加,即市场上流通的金属铸币的总的名义重量增加了。在实物总量不变的前提下,货币数量的增加将导致铸币金属与实物的比价下降,进而使得单位铸币金属的购买力下降。于是,一方面是质量优良的货币被驱逐出流通领域,另一方面是重量不足的劣币泛滥,导致经济中交易成本上升，而且物价水平剧烈波动。

综合前文所述，汉文帝货币政策的实质在于，官府提供或宣布了一个铸币的形式和质量标准，并负有监督查核的责任，但如何铸币以及由谁来铸，官府基本是放任的。在市场交易中，个体在国家颁布的称钱衡所保证的公平、自愿的原则上交易；如果交易双方发生争执，称钱衡则还能起到仲裁的作用。称钱衡能够维持铸币的质量，是因为称钱衡使得货币市场产生了激烈的竞争，在竞争条件下，买卖双方必然进行讨价还价。由于减重货币的购买力下降在当期就得到体现，如果市场上流通减重的货币，其购买力较低，卖方自然会要求买方"或用轻钱，百加若干"；同理，如果铸币足值甚至超重，买方要求卖方"或用重钱，平称不受"，即多加些斤两，否则不买。因此，在不受干预的市场行为中，交易者可以随时进行讨价还价，劣币的不足值可以被交易双方所鉴别，并逐渐被足值的良币驱逐出去，最终市场中流通的大都是良币。"只要政府不出面阻止，私人（企业）就能够并且确实在较早以前曾经向公众提供过选择货币的机会，而那些在竞争中脱颖而出的货币的币值基本上是稳定的"（哈耶克，2007：17）。这一点在文景时期由于称钱衡的作用而得到保证。同时，由于货币基本是足值的，收取的铸币税数量很小，私人没有增发货币的激励，货币数量将得到控制，进而促使物价稳定。

不同朝代铸币重量和成色的比较

接下来我们基于考古学和钱币学的研究成果，特别是不同朝代与铸币重量和成色有关的数据记载,实证研究汉文帝"使民放铸"政策的绩效。首先对实证研究使用的方法做一简要说明,其次基于考古发现对秦汉时期的铸币质量进行实证检验,最后进一步将汉文帝时期的铸币质量与其他朝代(清代通宝)的官府铸币进行比较。

以铸币重量度量铸币价值

在金属货币时代,使铸币重量低于法定标准(减重)、以官府或法律权威强制提高低重量铸币的购买力(升水)、掺杂其他贱金属或杂质(降低成色),皆为铸币者抽取铸币税的方式。具体而言,我们主要以铸币重量作为铸币价值的衡量标准。其正当性在于,在唐初"开元通宝"出现前,传统铸币多属于称量货币,以官府法令宣示的货币法定重量决定其购买力,货币的成色变化不大(彭信威,2007:118)。在贵金属含量比例为定值(或接近定值)[15]的情况下,铸币的实重直接决定了其购买力之高低。鉴于此,我们比较秦汉及其他朝代不同时期的铸币重量及其与官府规定的法定重量的比例(法重符合百分数),实证检验汉文帝放铸政策的绩效。同时,为了更好地说明不同时期的铸币质量,同时计算相同时期铸币成色的数据,并综合考虑重量和成色,以作为对铸币价值的稳健性检验。

秦汉时期铸币质量的考古学证据

我们借鉴陈彦良(2008)的方法[16],综合杜维善(2000)、汪庆正等(2002)、周卫荣(2004)、王雪农和刘建民(2005)所收录的关于铸币重量的数据,对从秦代到西汉武帝年间各种形制的铸币重量参数进行较大样本的归纳。⑰以时间顺序划分为秦代、西汉初高惠吕时期、西汉文景时期、西汉武帝时期、西汉余年(汉昭帝—汉平帝)、新朝时期、东汉时期等 7 个不同阶段(具体年份见表 3.1),分别统计了 733、464、641、169、49、775、225 枚各时期铸币的重量,并对其进行独立样本的非参数检验。其基本思想在于:汉文帝在位期(公元前 180年—公元前 157 年)全国为私人竞争性货币市场,汉景帝在位期从公元前 157 年至公元前 141 年,"使民放铸"政策则在公元前 144 年停止;武帝在位期则为中央和地方官府垄断性的铸币市场。这两个时期的货币形态差别不大,"使民私铸"和"公铸 + 禁铸"两种不同的政策对货币绩效影响的差异体现得更为明显。

表 3.1 铸币样本朝代时期划分

代码	朝　　代	年　　份
A	秦代	公元前 221 年—公元前 207 年
B	西汉初高惠吕时期	公元前 206 年—公元前 180 年
C	西汉文景时期	公元前 180 年—公元前 141 年
D	西汉武帝时期	公元前 141 年—公元前 87 年
E	西汉余年	公元前 87 年—公元 9 年
F	新朝时期	9—25 年
G	东汉时期	25—220 年

1. 描述性统计

表 3.2 描述了 7 个阶段铸币实际重量及其法重符合百分数的均值和标准差。由表 3.2 可见,西汉文景时期铸币的法重符合百分数是各阶段中唯一超过 100 的⑱,比居于次席的西汉武帝时期高出13.768,

表 3.2　7 个阶段铸币实际重量及其法重符合百分数

时期	样本数（例）	法定重量（克）	实际重量（克）均值	实际重量（克）标准差	法重符合百分数(%)均值(x)	法重符合百分数(%)标准差	含铜量均值(%)(y)	含铜量法重符合百分数(%)均值(xy)
A	733	7.812[a]	4.347	1.878	55.650	24.045	71.023	39.524
B[b]	464				72.685	43.289	73.972	53.766
C	**641**	**2.604**	**2.859**	**0.452**	**109.811**	**17.382**	**79.744**	**87.567**
D	169				96.043	22.698	80.237	77.062
E	49	3.255	2.879	0.488	88.466	15.011	83.904	74.227
F	775				81.960	40.254	83.382	68.340
G	225	3.255	2.825	0.729	86.810	22.421	84.655	73.489

注：a. 陈彦良（2007：331）指出，秦 1 斤合 253 克，汉 1 斤合 250 克，但都是约定值且差别极小，皆可认定为 250 克；又因为古制 1 斤合 16 两，1 两合 24 铢，故 1 铢合 0.651 克，因此，按"1 铢合 0.651 克"的算法转换度量单位。

b. 西汉初高惠吕时期铸币有几种法定形制：沿用战国晚期半两和秦半两范式的铸币（法重 12 铢，合 7.812 克）、荚钱半两（法重 3 铢，合 1.953 克）、高后二年（公元前 186 年）发行的八铢半两（法重 8 铢，合 5.208 克）、高后六年（公元前 182 年）发行的五分钱半两（法重 2.4 铢，合 1.562 克），故计算实际重量均值及标准差是无效的。同理，西汉武帝时期铸币有三分钱半两（法重 4 铢，合 2.604 克）、三铢（法重 3 铢，合 1.953 克）、五铢（法重 5 铢，合 3.255 克）等多种法定形制；新朝时期行四轮王莽币制改革，恢复刀币和布币，铸币形制奇多，如先后有大泉五十（法重 12 铢，合 7.812 克）、小泉直一（法重 1 铢，合 0.651 克）、货泉六品、布货十品、货泉（法重 5 铢，合 3.255 克）、货布（法重 25 铢，合 16.275 克）、布泉（法重 5 铢，合 3.255 克）等多种形制，故均不计算。但从其法重符合百分数较低的均值和较高的标准差看出，官铸货币制度下频繁地改变货币形制并未带来货币质量的真正稳定。

资料来源：铸币重量参数来自杜维善（2000：157—300），汪庆正、朱活、陈尊享（2002：65—244），周卫荣（2004：30—45），王雪农、刘建民（2005：204—435）；铸币含铜量参数来自周卫荣（2004：30—45）。

且该阶段数据的标准差在 7 个阶段中也是较小的。[19]可见，文景时期的铸币重量比较稳定。即使比较乘上铸币含铜量参数所得到的铸币含铜量的法重符合百分数，亦可见文景时期的参数值也是 7 个阶段中最高的。在此基础上,本章将进一步考察各时期铸币法重符合百分数的差异性,特别是文景时期和武帝时期的差别。

2. 非参数检验

首先以 Shapiro-Wilk 正态性检验手段验证各朝代铸币实际重量的法重符合百分数分布与正态分布有无差异,检验结果汇报于表3.3 第(3)列。结果表明,除西汉余年(昭帝—平帝)的样本可以通过 Swilk 正态性检验(即可假定为服从正态分布),其他时期的铸币质量参数均不能通过正态性检验。因而从整体上看,只能通过非参方法检验非正态分布的中位数是否符合法重质量。选取单一样本符号检验(one sample sign test)进行检验,检验对象也由正态分布下的均值转向非正态分布下的中位数。检验结果汇报于表3.3 第(4)—(6)列。

表3.3　单一样本符号检验结果

时期	样本量	法重符合百分数高于 100%的样本数	p_0	p_1	p_2	p_3
	(1)	(2)	(3)	(4)	(5)	(6)
A	733	42	0.000	1.000	0.000	0.000
B	464	110	0.000	1.000	0.000	0.000
C	**641**	**472**	**0.000**	**0.000**	**1.000**	**0.000**
D	169	70	0.050	0.989	0.015	0.031
E	49	11	0.790	1.000	0.000	0.000
F	775	168	0.000	1.000	0.000	0.000
G	225	45	0.000	1.000	0.000	0.000

注:p_0 表示 Shapiro-Wilk 正态性检验 p 值;p_1 表示若判定某时期法重符合百分数的中位数的真值(实际值)大于 100,犯第一类错误的概率;p_2 表示若判定中位数真值小于 100,犯第一类错误的概率;p_3 表示若判定中位数真值恰等于 100,犯第一类错误的概率。

结果表明,除放任私铸的文景时期的铸币重量显著高于法定重量(即铸币实际重量符合百分数显著高于 100 法定重量)外,其余时期(悉为官铸)的铸币样本的实重在统计意义上均显著低于法重。可以断言,文景时期的四铢半两钱是秦汉货币史中质量最为良好,也是相对稳定的一种通用货币。

除此之外,与同样采用四铢钱的武帝前期对比亦可得出结论:文景时期铸币的平均水平(均值、标准差)优于武帝时期。[20]这一差异有说服力地反映了文景时期政策的良好效果及武帝时期禁铸政策的不佳成效,佐证了本章对"使民放铸"与官方垄断铸币权两种政策的高下之辨。

除数据提供的实证检验结果外,西汉文景时期铸币质量改善的另一考古学佐证是钱范的出现与发展。王雪农和刘建民(2005:338)指出文景时期的半两钱有了版式的特点,这与铸造工艺与技术水平的不断改进是分不开的。根据咸阳市博物馆(1973)和蒋若是(1997)的研究,1972 年陕西咸阳出土了两方石范,长 47 厘米,宽近 12 厘米,范面有 60 个钱范腔排列。又据陕西省钱币学会(1992:48—53)报道,1981 年陕西安康出土了 23 件钱范腔半两石范,这种石范已经出现双直浇道这一浇注系统的改进。上述两种石范皆生成于文帝时期,是钱币质量改善的又一考古学佐证。此外,陈彦良(2008:222—223)也提到,1982 年山东博兴县辛张村出土西汉石钱范,其中包含榆荚钱范一件,钱模径 1.1 厘米,穿孔宽0.7 厘米;四铢半两钱范五件,其中完好的两件钱模径 2.2 厘米,穿孔 0.6—0.7 厘米,三件残缺的石范钱径 2.3 厘米,穿孔宽 1 厘米;另

外还有榆荚和四铢半两合体范两件,每件合体范一面刻榆荚钱模,
一面刻四铢半两钱模,范面钱模的排列、造型、规格与同时出土的
其他榆荚钱范、四铢钱范相同。据陈彦良(2008)考证,这批榆荚和
四铢钱范是汉文帝时期使用的,是国家将私铸合法化后,市场力量
驱动私人铸币品质提升在钱范形制上的反映。钱范的目的在于便
利铸币操作,从而降低铸币成本。这种改善铸币效率、推动制钱工
艺进步的努力,是在市场竞争与铸钱客观需求的驱动下产生的,是
与铸币品质的提升相伴随的。

西汉文景时期铸币与清代通宝的质量比较

中国清代的制钱铸造权大体上由官府控制。清朝廷在北京
和各省设立铸钱局,负责全国铸钱事务(王业键,2003:166)。据
彭信威(2007:557—565)记述,清代制钱(通宝)的法定重量在顺
治、康熙、雍正、咸丰四个执政期中有过变更,但大体维持在每文
1钱2分(约合4.463克[21])。表3.4是周卫荣(2004:96—100)[22]
收录的清代通宝的实际重量均值、法重符合百分数和标准差的描
述性统计。由表3.4可见,在清代从顺治到宣统的所有执政期
中,没有一个阶段的铸币实际重量达到法定重量标准,可见官铸
并未为清代提供高质量的铸币。该事实从一个侧面佐证了本章
对秦汉时期铸币质量实证检验所得结论的一般性。而且,正如图
3.1所显示的那样,清代通宝从朝代初期向朝代晚期呈现出明显
的质量下降趋势。[23]

表3.4　清代各王朝所铸通宝的实际重量及其法重符合百分数

铸币名称	实际重量（克）		法重符合百分数（%）		含铜量均值（y）	含铜量的法重符合率（x×y）
	均值	标准差	均值（x）	标准差		
顺治通宝	3.877	0.471	86.867	10.553	63.495	55.156
康熙通宝	4.148	0.746	92.929	16.712	61.033	56.717
雍正通宝	3.725	1.016	83.445	22.774	64.578	53.052
乾隆通宝	4.111	0.391	92.094	8.779	54.810	50.477
嘉庆通宝	3.988	0.488	89.356	19.349	55.912	49.961
道光通宝	3.937	0.671	88.205	15.048	51.018	45.000
咸丰通宝	3.100	0.613 7	69.444 4	13.748 5	57.941	40.236
同治通宝	3.460	0.723 2	77.509 0	16.200 4	53.856	41.743
光绪通宝	3.617	0.350 2	88.245 3	7.845 8	49.216	43.430
宣统通宝	2.394	0.907 1	53.639 0	20.319 7	55.268	29.645
清代总体	**3.764**	**0.864 0**	**84.323 8**	**19.354 3**	**57.674**	**48.632**

资料来源：周卫荣（2004：96—100）。

结语

本章利用中国西汉文帝和景帝时期放任私人铸币的历史经历作为自然实验，对"货币非国家化"理论进行实证检验，展示了立足于考古学、钱币学和文献学的发现，破除了"货币恰好最需要垄断"的理论成见，有助于推动社会科学"迷思"的解决过程。

在金属铸币时代，如果交易双方对货币重量具有完全对称的信息，政府只需提供铸币标准，货币的供给和需求完全由市场决定。在这样的条件下，竞争使得私人供给货币的货币市场运行良好。竞争机制主要通过格雷欣法则发挥作用，在关于良币和劣币的信息对称，而且不同货币兑换率完全由市场确定的前提下，格雷欣法则使得良币驱逐劣币，于是市场上流通的主要是良币。[24]具体到西汉"放铸"时期，称钱衡的使用保证了交易双方对货币质量的充分对称信息，减重货币的购买力下降在当期就得到体现。理论上，良币和劣币之间汇率不固定与信息对称是等价的。钱币学中的西汉铸币合金成分和重量的数据记载，以及钱范的考古发现，为上述结论提供了稳健、可信的实证支持。

数据附录

本章采用的数据主要来自杜维善（2000：157—300），汪庆正、朱活与陈尊享（2002：65—244），周卫荣（2004：30—45）及王雪农和刘建民（2005：204—435），数据具体处理如下。

杜维善《半两考》

（1）"秦"一章第一节"秦始皇帝二十六年"（80 枚）全取；第二节"秦始皇帝早期至中期"（57 枚）全取；第三节"秦始皇帝晚年至秦二世皇帝三年"（43 枚）取第七五五至七七八号合计 24 枚，"一型　榆荚半两""二型一式　榆荚半两""二型二式　小半两""三型　榆荚半两""四型"合计 19 枚，因属于榆荚半两系列，重量显著不符合秦半两标准而弃用。

（2）"西汉"一章第四节"西汉孝文帝五年至十二年"（36 枚）、第五节"西汉孝文帝十三年至孝景帝初年"（23 枚）、第六节"西汉孝文帝年间"（24 枚）、第七节"西汉孝景帝年间"（12 枚）、第十一节"西汉孝文帝至孝景帝年间地方铸钱（一型、二型）"（34 枚）、第十三节"西汉孝景帝年间地方铸钱（二型）"（8 枚）、第十四节"西汉孝文帝至孝景帝年间地方铸钱（三型）"（1 枚）、第十六节"西汉孝文帝至孝景帝年间地方铸钱（四型）"（4 枚）划归阶段 C。

（3）"西汉"一章第八节"西汉孝武帝建元元年至五年"（10 枚）、第九节"西汉孝武帝建元五年至元狩五年"（36 枚）、第十七节"西汉孝武帝年间地方铸钱（四型）"（8 枚）划归阶段 D。

（4）"西汉"一章第十节"西汉孝景帝至孝武帝年间地方铸钱"（9 枚）、第十二节"西汉孝景帝至孝武帝年间地方铸钱（二型）"（10 枚）、第十五节"西汉孝文帝至孝武帝年间地方铸钱（四型）"（38 枚）、第十八节"西汉孝文帝五年至孝武帝元狩五年"（18 枚）、第十九节"西汉孝文帝至孝武帝年间（纪值类、斜文类、小字类）"（12 枚）数据弃用。原因在于这些参数均跨越本章设定的两个阶段，难以区分以利用。

汪庆正、朱活与陈尊享主编《中国历代货币大系 2·秦汉三国两晋南北朝货币》

（1）主要的取用源是第二部分"图录"，原则是只有铸币重量参数存在的铸币才取用。

（2）第一节"秦代货币"中，第 2 小节"秦半两"（编号 0176—

0379,198 枚)全取,划归阶段 A。

(3)第二节"西汉货币"中,第 1 小节"荚钱"(编号 0387—0548,161 枚)、第 2 小节"八铢半两"(编号 0549—0574,26 枚)全取,划归阶段 B;第 4 小节"三铢"(编号 1110—1130,19 枚)全取,划归阶段 D。

(4)第三节"新莽货币"中,第 3 小节"货泉六品"(编号 1500—1788,253 枚)、第 4 小节"布货十品"(编号 1789—1938,110 枚)、第 6 小节"货布"(编号 2292—2314,22 枚)、第 7 小节"布泉"(编号 2315—2337,23 枚)全取;第 5 小节"货泉"中编号 2261—2284,因重量显著不符合标准法重 3.255 克,本章存疑,故仅取编号 1939—2291 的 315 枚铸币;以上划归阶段 F。

(5)第四节"东汉货币"中,第 1 小节"五铢"(编号 2340—2549,203 枚)全取。

(6)第二节"西汉货币"第 3 小节"五分钱、四铢半两"所收铸币跨越了两种不同法重的货币形态,也跨越了本章设定的两个阶段,单从实际重量上难以区分以利用,故只得弃用;第 5 小节"五铢钱"所收铸币亦跨越了本章设定的武帝时期和西汉余年两个阶段,难以区分,亦憾予弃用。

周卫荣《中国古代钱币合金成分研究》

(1)原则是:只有铸币重量参数存在的铸币才取用。该著主要讨论的是货币成色问题,其所载的成色数据在本章中已附于描述性统计旁,作为对铸币价值的稳健性检验。

（2）编号 QB01—11 的"秦半两"划归阶段 A。

（3）分别编号为 HB1—14 与 HB17 的"榆荚半两""八铢半两"划归阶段 B。

（4）编号 HB18—39 与 HB46—94 的"四铢半两"划归阶段 C。

（5）编号 HB96—104 的"有郭半两"与编号 HW1—30 的"武帝五铢"划归阶段 D。

（6）编号 HW31—81 的"西汉五铢"划归阶段 E；编号 HW82、HW83 的"西汉小五铢"数据因属于小五铢系列,重量显著不符合五铢标准而弃用。

（7）编号分别为 WM1—35 与 WM36—59 的"大泉五十""货泉"划归阶段 F；编号分别为 WM70、WM71 与 WM74 的"小泉直一""货泉"数据因样本为孤例或重量显著异常而弃用。

（8）编号 DW7—27 的"东汉五铢"与编号 DW28 的"剪边有郭"划归阶段 G。

王雪农和刘建民《半两钱研究与发现》

（1）第四章"秦王朝铸造的半两钱"中的所有铸币（编号总0431—总0795）重量参数全取,合计 365 枚,划归阶段 A。

（2）第五章"西汉初年铸造的半两钱（汉初小半两钱）"中,"秦钱版"和"汉钱版"二小节的所有铸币（编号总 0796—总 0874,合计 79枚）全取,划归阶段 B；"广穿"和"细流"因形制不合弃用。

（3）第六章"高后八铢半两钱（汉代'八铢钱'）"中的所有铸币（编号总 0899—总 0991）全取，合计 93 枚，划归阶段 B。

（4）第七章"高后'五分钱'"中的所有铸币（编号总 0992—总 1025）全取，合计 34 枚，划归阶段 B。

（5）第九章"文景时期四铢半两钱（文景'四铢钱'）"中的所有铸币（编号总 1146—总 1575）重量参数全取，合计 430 枚，划归阶段 C。

（6）第十章"武帝时期的四铢半两钱（武帝'三分钱'）"中的所有铸币（编号总 1576—总 1650）重量参数全取，合计 75 枚，划归阶段 D。

注释

① 原载《汉书·食货志》（下）。

② 古今不少学者将贾谊的禁铜论断（"法钱不立，吏急而壹之虖，则大为烦苛，而力不能胜；纵而弗呼虖，则市肆异用，钱文大乱，……奸数不胜，而法禁数溃，铜使之然也。故铜布于天下，其为祸博矣"）作为"放铸"政策消极效果的证词。例如在盐铁会议中，尽管贤良文学派举高祖以来历代制度之变更频繁，官币之质地轻劣又不合规格，从而以困扰百姓为由，力主货币铸造的自由开放；御史大夫桑弘羊一派坚持认为货币官铸可以稳定币制，防止劣伪，并防止诸侯藉币以蓄财、厚植实力、重演七国事件。在大夫派的优势下，铸币权收归国家于此时打下不可动摇的基础，王莽"托古改制"及东汉多次政策的微调均未触及货币官铸规则的"硬核"。先秦法家"重农抑商"的政策主张成为后世儒家知识分子的主流思想，除非在文帝这样的

特殊时代,政府都会力保铸币利权不旁落到商人阶层手中,以免土地兼并、贫富差距拉大等问题的产生。事实上,贾谊这段话只能看成其"货币国有论"及试图釜底抽薪地解决私铸钱弊端的货币思想的总展现,贾谊死后(公元前 168 年),私人铸币合法化持续了 24 年,而四铢钱制则继续实行了 49 年,通过文献年代考订亦可知贾谊认识和观点的局限性。

③ 杜维善(2000)指出,当时的货币至少有政府铸的标准四铢半两、地方官府铸钱、地方私铸、民间私铸的轻薄小半两或榆荚形小半两等形式,进而指出只有前二者所铸之币符合标准,其余均不符合。

④ 我们认为,一方面,从货币史的总体视角观之,"盗铸"现象显然比合法的私铸出现得更为繁密,但并不代表后者不存在或没有价值;另一方面,铸币在禁铸时期中也不可认为实现了真正的形制统一。

⑤ 时间约为公元前 175 年至公元前 144 年,属汉文帝刘恒、汉景帝刘启施政期。

⑥ 诸典籍对此事多有记载。西汉司马迁《史记·平准书》载:"至孝文时,荚钱益多,轻,乃更铸四铢钱,其文为'半两',令民纵得自铸钱。"《史记·汉兴以来将相名臣年表》又载:"(孝文五年,即公元前 175 年)除钱律,民得铸钱。"东汉班固《汉书·食货志》(下)载:"孝文五年,为钱益多而轻,乃更铸四铢钱,其文为'半两'。除盗铸钱令,使民放铸。"《汉书·文帝纪》又载:"(孝文五年,即公元前 175 年)夏四月,除盗铸钱令。更造四铢钱。"北宋司马光《资治通鉴·卷四》载:"(太宗孝文皇帝五年,即公元前 175 年)初,秦用半两钱,高祖嫌其

重,难用,更铸荚钱。于是物价腾涌,米至石万钱。夏,四月,更造四铢钱,除盗铸钱令,使民得自铸。"

⑦ 其中前者为黄铜铸币,后者为青铜铸币。

⑧ 墨书的大意为:(此称钱天平)需以法定标准重量作为砝码,钱币标重"四铢"或"两";如果敢选用轻衡或重衡或不用规定的称钱衡的,就要受处罚,在本里服 10 天的徭役。由于是考古资料,书面有破损无法辨认,原文均用"?"表示。

⑨ 这一说法最早被哈耶克用于预言集权机制的后果。哈耶克认为集权机制有排斥高品质者,并将低品质者提升到最高职位的倾向,这就是"逆向淘汰机制"。

⑩ 例如在金银复本位制度下的 1837—1873 年间,美国法律规定 1 美元等于 371.22 谷的纯银或 23.22 谷的纯金(1 谷 = 64.8 毫克)。由此,两种本位货币的固定兑换比价是 1∶16。

⑪ 《钱律》系张家山出土的汉简《二年律令》之一,反映了汉代在盗铸钱上的"告诉"和连坐制度,汉文帝五年废除(闫晓君,2004)。

⑫ 陈彦良(2008:227)据出土的《二年律令·贼律》(张家山二四七号汉墓竹简整理小组,2006)推断,四两罚金与"其失火延燔之"(即失火延烧官府寺舍、民居财物)的罪责是相同的,因而这一处罚是非常严厉的。

⑬ 《金布律》系睡虎地秦简(亦以发现地称作"云梦秦简")中《秦律十八种》的一种,主要涉及货币流通和市场交易内容。

⑭ 睡虎地秦墓竹简整理小组:《睡虎地秦墓竹简》,文物出版社1978 年版。

⑮ 本章统计了来自周卫荣(2004:30—45)的秦汉时期铸币的平均含铜量:秦代样本 13 例,含铜量均值为 71.023%;西汉初高惠吕时期样本 17 例,含铜量均值为 73.972%;西汉文景时期样本 77 例,含铜量均值为 79.744%;汉武帝时期样本 41 例,含铜量均值为 80.237%;西汉余年(汉昭帝—汉平帝时期)样本 53 例,含铜量均值为 83.904%;新朝时期样本 73 例,含铜量均值为 83.382%;东汉时期样本 46 例,含铜量均值为 84.655%。由此可见,相比于铸币法重符合百分数的巨大差异,7 个阶段铸币在贵金属含量比率的差异相对较小,大致维持在 71%—85% 的范围内。

⑯ 我们与陈彦良(2008)方法的区别在于,我们的样本更大,且数据处理方法更技术化。

⑰ 经过文献比照,我们认为,上述文献业已给出了对研究所涉时期铸币样本数据资料的较为全面的归纳。其中,汪庆正等(2002)对以博物馆藏铸币为主的数据资料进行了全面收录;杜维善(2000:序第 1 页)指出"维善先生收藏'半两'富甲天下……凭借其丰富的藏品……梳理出战国半两、秦半两,进行分式分期,并配以汉半两和半两冥钱,而成《半两考》";王雪农和刘建民(2005:前言第 2 页)则明确指明"本书'下编'所列 1 700 余枚各种类型的半两钱,全部为作者亲历细审,一一过目的钱品……上述半两钱除极少数在作者过去发表的文章里披露过,绝大多数是从未发表过的新出之品"。由此可见,这四部文献搜集的铸币样本资料没有(或仅有极少难以分辨出的)重叠部分。铸币样本情况在其他散佚文献和考古发现报告中也有涉及,但通过比较文献选录铸币的标准[如杜维善(2000:4)指出"本书

论述以考古资料为主,旧史中有关货币的记载只作为附带参考资料。许多考古报告中都有半两钱币的记录,可惜有些墓葬位置、地层、随葬器物、钱币数据和拓图都没有报道。除非是必要,像这一类的报告本书一概不用"],可以断言,上述文献成书已较为全面地涵盖了散佚文稿所载的铸币数据资料,故我们不再就散佚文稿所录数据进行整理。具体数据来源详见本章数据附录。

⑱ 法重符合百分数指在私人铸币时期,市场上流通货币的重量均值甚至超过了法律规定铸币所应达到的重量值,即非但没有减重,反而有所增重。

⑲ 文景时期铸币的法重符合百分数的标准差比西汉余年铸币的法重符合百分数标准差略高,但两个时期铸币的样本量有很大差异。文景时期铸币样本量高达 641 例,西汉余年铸币样本量仅为 49 例,足见文景时期铸币的质量是非常稳定的。

⑳ 武帝时期铸币的法重符合百分数平均高达 96.043%,可能是因为本章统计的较晚的武帝时期样本混入了一批文景时期的铸币。如果通过资料考证可以完全区分两阶段,则两个时期铸币质量之间的差距可能还会扩大。

㉑ 这里按"1 钱合 3.719 克"的算法转换度量单位。清朝量制 1 斤约合 595 克;又因为古制 1 斤合 16 两,1 两合 10 钱,故 1 钱合 3.719 克。

㉒ 数据具体处理的原则与前文秦汉时期铸币质量检验相同,即只有铸币重量参数存在的铸币才取用。成色数据在此附于描述性统计旁,作为对铸币价值的稳健性检验。

㉓ 彭泽益(1983:64—82)对 1853 年后清朝廷利用铸币权力实行货币减重政策以征收铸币税,并将通货膨胀政策视为"生财经常之至计"的情况的研究,可为我们的结论提供支持。

㉔ 罗伯特·蒙代尔(Mundell,1998)针对格雷欣法则提出的"界点理论"指出,只有在某种情境下,通常情况下对"劣币驱逐良币"的解释才是公允的;而在界点过后(可理解为相异的局限条件下),则可能出现"良币驱逐劣币"的相反结果,而二者都符合格雷欣法则的"元思路"。界点理论阐明了两种不同条件的逻辑联系,指出二者可以并存,从而将格雷欣法则统一为一个双适用的整体,也指出了竞争与效率的规律确保"良币驱逐劣币"的可能性,蒙代尔将其理论及逻辑称为"正确理解的格雷欣法则"。我们的研究发现也符合蒙代尔的"界点"思路。

第四章 民国时期的竞争性发行

清末民初的货币制度

清代的币制,大体上是银钱平行本位,大数用银,小数用钱,和明代相同,但白银的地位更加重要了(彭信威,2020:852)。市场上有制钱、白银和钞票三种货币流通。制钱通常由各省铸币局铸造,不同地区或不同时期型制各异。白银的形式并没有法令上的规定,完全随各地的习惯和方便而定,银楼几乎可以任意铸造,也有机关用自己的名义发行宝银,如海关、官银钱局以及银行(彭信威,2020:872、874)。外国银元,自明代起已流入中国;在中国流通过的外国银元,总共有几十种,最通行的是西班牙银元和墨西哥鹰洋。鉴于金代恶性通货膨胀的历史记忆,清廷对于发行钞票非常谨慎,只为应对财政危机短暂发行钞票,包括顺治年间的钞贯、咸丰年间的官票宝钞及光绪以后的兑换券,难关一过即予以废止。然而,虽然官府不发行钞票,但市面上却早有钞票的流通。清官府对于市面的私票,并不取缔,而官票宝钞也不是完全的法偿币,缴纳钱粮只能搭用三成或五成(彭信威,2020:894—895)。

总体来说,清末兑换券发行有多个主体。第一是旧式的信用机构,包括钱庄、银号、票号和典当,它们的发行历史最为悠久,发行机构遍布全国,单个机构发行数量不多但全国总数不少。第二是各省的官钱局或官银号,属于各省的官方金融机构,每省有一家,有些省份有两家,它们的分支机构可以设到外省去。第三是新式银行,包括外国银行和华商银行。外国银行从事发行业务的在清末有十二三家,如麦加利银行、汇丰银行、德华银行、横滨正金银行、朝鲜银行、华俄道胜银行、东方汇理银行、花旗银行、华比银行、和嚗银行等;华商银行从事发行的也有十几家,如中国通商银行、大清银行、交通银行、四明银行、殖边银行、浙江兴业银行、浙江银行等,这些新式银行虽然数目不多,但规模比较大。第四是其他机构,包括政府机构,如铁路局以及各种商店。此外还有流入中国的外国钞票,如俄国的卢布票、日本的军用票和日圆票等(彭信威,2020:900—901)。

从货币单位来看,兑换券主要有三大类。第一类是钱票,这是历史最久的一种兑换券,以钱文为单位,在不同地方或不同时期有不同的支付方式。第二类是银两票,这是旧有的单位,面额也有临时填写的,但各地所用银两单位不同,所以银两票上也注明银两的种类。第三类是银元票,这种单位在兑换券是当时比较新近的事,先由外国银行使用,面额比较一致,有一元、五元、十元、五十元、百元。但由于各地通用的银元不同,许多兑换券会笼统地表明兑换当地通用银元。同一家银行可能发行几种单位的兑换券(彭信威,2020:901—902)。

因此,清末中国形成了多机构发行、多货币共存竞争的货币市场,晚清政府曾试图加以整顿和统一,但辛亥革命爆发使得清末的货币竞争体系得以延续。民国时期的货币制度基本沿袭了清代的体例,并呈现出两个新的特点。第一,随着新式银行的兴起,旧式信用机构(如票号、钱庄、典当等)日渐式微,新式银行在货币发行、商业信贷、政府融资等方面发挥的作用越来越大。第二,随着华商银行的发展,外商银行在华市场份额逐渐下降,华商银行在货币市场和金融市场中的作用日益增长。其中,大清银行改组成为中国银行,各地官银钱局也转型成为地方政府控制的新式银行,私营银行如雨后春笋般涌现,至少有三十多家银行发行兑换券。大银行发行的兑换券可以在全国流通,地方银行发行的兑换券只在局部地区流通。

民国时期银行兑换券发行实行 100% 准备金制度,各银行发行准备六成为现金,包括银元银两大条、存出国外同业和运送中的现金等;四成为保证准备,包括证券、房屋道契、押款及押汇品等(蔼庐,1928:2)。保证准备的购买力和流动性远不如其所发行的兑换券,银行以六成现金发行兑换券即可获得十足的购买力。因此,民国时期的兑换券发行实质上是部分准备金制度,发钞行发行兑换券仍可获得一定的发行收益。

在大萧条前夕,中国是唯一一个以白银作为货币的国家,但中国并不产银,需要从国外大量输入白银。随着主要西方国家陆续放弃金本位制,白银价格上涨,大量白银流出中国到国际市场套利,中国国内出现了通货紧缩的局面,史称"白银风潮"。[①] 在外资银行为了套利纷纷输出白银之际,华商银行则主动增加白银存底以扩大兑换券发行,平抑市场上的通货紧缩。因此,在"白银风潮"时期,市场的货币需求是增加的,这为各发钞行增加兑换券发行提供了空间,但不同银行增发的规模和速度是不一样的。

发钞行的商誉资本:数据和模型

我们利用中国"白银风潮"期间两组银行微观数据检验竞争性货币体系下商誉资本对银行行为的影响及其内在机制,实证检验的逻辑思路如图 4.1 所示。第一组数据记录了全国 34 家发钞银行在 1934 年 9 月至 1935 年 9 月的纸币发行月度数据。[②]在"白银风潮"背景下,各发钞行倾向于增加兑换券发行规模,但不同银行的增发速度是不一样的,这为我们考察银行的发钞行为提供了可能。第 1 步,我们利用第一组数据检验商誉资本对银行兑换券发行行为的影响。银行兑换券发行数据期间为 1934 年 9 月至 1935 年 9 月,中国正经历白银外流通货紧缩,货币尤其是纸币供不应求,从总体上看银行纸币处于增发状态。[③]稳健的银行倾向于有保留地增发货币,而不稳健的银行则可能趁机大量增发以扩大市场份额。因此,银行月度发行的环比增长率可以衡量发钞行兑换券发行的稳健性,环比增长率越低,银行发行越谨慎;反之则反。为了进行稳健性检验,我们还尝试计算银行月度发行的相对增长率,即用单个银行月度发行环比增长率减去市场平均水平,求得该银行月度发行的相对增长率。市场的平均

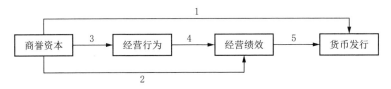

图 4.1　本章实证检验逻辑思路

水平有两种算法:一是各银行月度发行环比增长率的算术平均值,二是计算全部银行当月发行总额的增长率(相当于以发行规模为权重的加权平均值)。

第二组数据是全国 150 家银行 1932—1935 年年度营业概况,涵盖银行实收资本、盈余积累、存款、贷款及利润等数据。[④] 利用第二组数据,我们检验声誉对银行行为及经营绩效的作用:商誉资本是否给银行带来更高的收益,商誉资本是否给银行带来经营优势,银行经营优势是否给银行带来更高的收益。以上分析对应第 2—4 步:以利润规模或增长率衡量银行经营绩效,考察商誉资本对银行经营绩效的影响;从实收资本、盈余积累、吸收存款和发放贷款等方面考察银行的经营行为,分析商誉资本对经营行为的影响;检验经营行为对银行绩效的作用。最后,即第 5 步,综合运用两组数据检验银行经营绩效与兑换券发行之间的关系,识别银行追求利润的动机是否构成货币发行的有效约束。

本章实证检验的核心解释变量是商誉资本,如何衡量商誉资本是研究的关键。研究声誉的文献表明,重复博弈中的交易历史能够形成企业的商誉资本(Shapiro,1983;Horner,2002)。我们从两个维度的银行生存历史来衡量其商誉资本。第一,银行的存活时间越长,历史越久远,商誉资本越高。具体来说,本章所计算的生存时间从银行正式成立年月起至财务报告年月止。第二,样本中银行成立的先后顺序,成立越早的银行历史越久远,排序越靠前,商誉资本越高。在第一组数据的 35 家[⑤]发钞行中,中国通商银行于 1896 年 3 月成立,是生存时间最长的银行;四川地方银行成立于 1933 年 9 月,是生存时间最短的银行。在第二组数据中,中国通商银行同样是最早成立的银行;建华银行成立于 1935 年 9 月,是生存时间最短的银行。

为稳健起见,我们还以银行是否具备上海银行公会会员身份来度量声誉。上海银行公会是全国最早的银行业同业组织,1915 年春由中国银行、交通银行等七行筹议组建,1918 年 7 月正式成立,以维护同业利益、纠正弊害为其宗旨。创始银行总计有 12 家,1924 年增加至 24 家,1927—1931 年有 4 家会员入会,4 家会员退会,总数仍为 24 家(王晶,2009:50—52)。上海银行公会由宋汉章、张嘉璈、陈光甫、李馥荪等著名银行家发起设立,对于银行入会设置了一定的条件,如要求在上海所设立之银行正式成立已满三年以上,或在他埠设有总行已满三年以上且上海分行正式成立已满一年以上;凡入会者须由会员二员以上介绍,并须将最近三年营业报告书递交公会董事审查;会员入会费每员银元一千元等(徐沧水,1925:附录 1)。因此,银行公会对入会银行存在质量筛选机制,会员银行一般要比非会员银行声誉更好。

影响银行行为和经营绩效的其他因素包括银行规模、股权性质、银行总行所在地和宏观经济形势等。我们以资产总额衡量银行规模,规模大的银行可能会获得规模效应,其经营绩效可能越好。股权性质根据出资人的性质划分,纯粹由政府出资兴办的银行为官办银行,由私人出资兴办的银行为商办银行,由政府和私人共同出资兴办的银行为官商合办银行。在第一组数据中,官办银行、商办银行和官商合办银行基本上各占三分之一;在第二组数据中,官办银行占

18.6%,商办银行占71%,合办银行占9.4%。

银行总行所在地根据总行或总管理处所在地划分。在第一组数据中,约三分之一的银行总行位于上海,其他银行比较均匀地分布于其他城市。在第二组数据中,150多家银行总行分布于59个城市,其中位于上海的比例为36%,位于天津、重庆、广州、杭州、南昌、青岛、北平、汉口的比例分别为6.32%、5.56%、4.02%、3.83%、2.3%、2.11%、2.3%、1.72%,即64.16%的银行总行位于九大城市。

兑换券发行具有很强的以月份为周期的金融季节性(徐沧水,1921)。在第一组数据中,本章加入月份虚拟变量来控制金融季节对发行速度的作用。银行经营受宏观经济形势的影响,尤其是在1932—1935年,中国经济受大萧条的滞后影响和"白银风潮"的作用,宏观经济波动较大。在第二组数据中,本章加入年度虚拟变量控制宏观经济形势的影响。各变量的含义见表4.1,统计性描述见表4.2。

表4.1 变量名称及指标

变量名称	指　　标	单位
兑换券发行	环比增长率 =（i 银行第 t 月发行数/i 银行第 t－1 月发行数）×100	%
	相对增速 =（i 银行环比增长率－各银行环比增长率算术平均值）×100	%
经营行为	实收资本对数、公积金及盈余滚存对数、各项存款对数、各项贷款对数	元
	存款资产比 =（存款/总资产）×100	%
经营绩效	利润对数 = ln（净利润）	元

续表

变量名称	指　　　　标	单位
商誉资本	生存时间 成立顺序 上海银行公会会员	月 0/1 虚拟变量
银行规模 股权性质 虚拟变量	银行资产总额 官办银行、商办银行、官商合办银行虚拟变量 城市虚拟变量、月份虚拟变量、年度虚拟变量、 发钞行虚拟变量、全国性发钞行虚拟变量	1 000 万元 0/1 虚拟变量 0/1 虚拟变量

表 4.2　变量统计性描述

变　　量	观测数	均值	标准差	最小值	最大值
第一组数据:银行兑换券发行					
环比增长率	355	2.957	18.476	− 67.097	140.918
相对增速	355	2.956	19.208	− 105.037	136.880
生存时间	455	133.943	98.816	12	366
成立顺序	455	18.000	10.111	1	35
上海银行公 会会员	455	0.286	0.452	0	1
商办银行	455	0.314	0.465	0	1
官办银行	455	0.343	0.475	0	1
全国性银行	455	0.428	0.495	0	1
资产总额	442	11.547	24.428	0.085	117.947
利润对数	351	11.861	1.838	6.853	16.244
第二组数据:银行经营情况					
利润对数	472	11.051	1.842	3.912	16.512
积累对数	436	11.477	2.206	4.060	16.579
存款资产比	491	61.468	17.026	5.889	94.690
贷款对数	491	15.015	1.832	10.617	20.685
资产总额	491	3.337	11.636	0.004	138.329

变　　量	观测数	均值	标准差	最小值	最大值
生存时间	518	108.023	88.076	1	468
成立顺序	652	81.632	47.058	1	163
上海银行公会会员	656	0.152	0.359	0	1
官办银行	521	0.186	0.390	0	1
商办银行	521	0.710	0.454	0	1
是否为发钞行	656	0.179	0.384	0	1

　　我们对两组数据各模型的个体效应进行检验发现，第一组数据个体效应不显著，各模型回归使用 POLS 方法；第二组数据个体效应显著，但大部分变量都不随时间变化，无法使用固定效应模型，因此统一采用随机效应模型进行估计。[⑥]两组数据的回归均考虑了模型存在的异方差问题，采用稳健标准误估计方法。

声誉机制：商誉资本的作用

银行商誉资本与兑换券发行

　　首先考察银行商誉资本对其兑换券发行的作用。如表 4.3 所示，商誉资本对银行兑换券发行具有显著作用。在控制了诸如银行规模、股权性质、金融季节和总行所在地等因素后，商誉资本对银行兑换券发行仍然具有显著作用。生存时间增加 1 年，兑换券发行月度环比增长率下降 0.372 个百分点；成立顺序靠后 1 个名次，兑换券发行增速提高 0.522 个百分点；会员银行兑换券发行速度要比非会

表 4.3 银行商誉资本与兑换券发行(%)

变　量	环比增长率			相对增速		
	(1)	(2)	(3)	(4)	(5)	(6)
生存时间	− 0.031***			− 0.029***		
	(0.007)			(0.007)		
成立顺序		0.522***			0.372*	
		(0.136)			(0.205)	
银行公会会员			− 15.12**			− 15.57**
			(6.256)			(6.486)
观测值	342	342	342	342	342	342
银行个数	34	34	34	34	34	34
R^2	0.116	0.120	0.140	0.053	0.053	0.079

注:括号内数字为稳健标准误;***、**、*分别代表1%、5%、10%的显著性水平;各模型控制银行规模、股权性质、金融季节和总行所在地等因素;如无特别说明,以下各表控制变量与本表相同。

员银行低 15.118 个百分点。再以相对增速来度量银行发钞行为,商誉资本对银行兑换券发行速度的影响是相当稳健的:生存时间增加1 年,银行兑换券发行相对增速下降 0.348 个百分点;成立顺序靠后1 个名次,兑换券发行相对增速提高 0.372 个百分点;相对于非会员银行,会员银行兑换券发行相对增速要低 15.495—15.579 个百分点。

因此,无论是以环比增长率还是相对增速来看,商誉资本对银行的发钞行为均有显著影响。声誉越好的银行,兑换券发行速度越慢,银行发行越稳健。

软预算约束研究文献提出"太大而不能倒闭"的命题:规模庞大的银行机构在陷入危机时,往往可以获得政府救助而免于市场机制的惩罚,导致银行的道德危害行为,以致在经营上未能保持必要的谨慎。表 4.3 的结果显示,银行资产规模对发钞行为没有显著作用。进一步检验发现声誉越好的银行资产规模越大,二者存在多重共线性。[⑦] 为此,我们排除商誉资本变量进行回归发现,资产规模对银行兑换券发行增长率具有显著的负向作用:银行资产规模增加 1 000 万元,兑换券发行增长率下降0.072 个百分点。[⑧] 这表明,在竞争性兑换券发行体系下,银行面临硬预算约束,规模越大的银行,其违约的潜在损失也越大,其行为越趋保守和稳健。

银行兑换券的发行还表现出随金融季节调整的特征。以 9 月作为基期,其中 11 月、12 月虚拟变量在统计上不显著,其他月份虚拟变量在 1% 的水平上均显著为负,而且系数大小不一。根据样本中 9 月兑换券发行环比增长率(8.53%)及各显著的月份虚拟变量参数估计值,我们计算了银行兑换券发行环比增长率的估计值,具体见图 4.2 所示。如表 4.4 所示,兑换券发行在 2 月、3 月、7 月、10 月为低谷,1 月、5 月、9 月、12 月为高峰期,这一时间特征分布与上海金融季节波动基本吻合。[⑨]

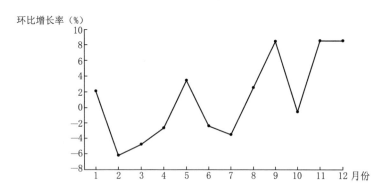

图 4.2　全国 34 家银行兑换券发行的金融季节调整

表 4.4 上海金融季节情况表

第一季	2—3 月	承旧历新年之用,银洋存底既丰,大宗商业尚未恢复,为金融最宽松时期
第二季	4—6 月	丝茧及茶叶逐渐上市,又为端节清账之期,资金需要增加,为金融最紧急时期
第三季	7 月	各业大都清淡,银洋用途少,为金融平和时期
第四季	8—10 月	江浙棉花、汉口杂粮、东三省豆饼等同时登场,又为秋节结账之期,为金融最紧急时期
第五季	11 月	与第三季同,为金融平和时期
第六季	12 月至次年元月	为阳历及阴历年底先后结账期,商贾全年交易均在此时结账,为金融最紧急时期

资料来源:徐沧水(1921:7—18)。

概言之,利用 34 家发钞行 1934 年 9 月至 1935 年 9 月的发行数据进行的实证检验发现,声誉机制的确能够有效约束发钞行的发行行为,声誉越好的银行兑换券发行增速越慢,发行越稳健。在"白银风潮"通货紧缩的背景下,银行兑换券发行并未出现刚性增长的态势,而是根据金融季节进行增减调整。

银行商誉资本与经营绩效

上述检验表明,商誉资本对银行兑换券发行行为有显著作用,声誉好的银行能够有效约束其发钞行为以保持币值稳定。其原因是,货币价值是其声誉的一个重要维度,币值波动势必破坏银行商誉;银行之所以重视维护其声誉,是因为声誉能够给银行带来价值。接下来利用第二组数据检验声誉是否真的能够给银行带来更高的收益。

如表 4.5 所示,商誉资本确实能够提高银行的经营绩效。在单变量回归中,生存时间增加 1 年,银行净利润增加 7.2%;成立顺序靠后 1 个名次,银行净利润下降 1.1%;会员银行的净利润比非会员银行高255.8%。在控制更多变量的情况下,商誉资本的系数符号和显著性水平相当稳健:生存时间增加 1 年,银行净利润增加 2.4%;成立顺序靠后 1 个名次,银行净利润下降 0.6%;会员银行的净利润比非会员银行高165.9%。可见,声誉越好的银行净利润水平越高。

表 4.5　银行声誉与经营绩效

变　量	利润对数					
	(1)	(2)	(3)	(4)	(5)	(6)
生存时间	0.006***			0.002*		
	(0.001)			(0.001)		
成立顺序		−0.011***			−0.006**	
		(0.003)			(0.002)	
银行公会会员			2.558***			1.659***
			(0.257)			(0.284)
资产总额				0.027***	0.027***	0.021***
				(0.008)	(0.008)	(0.007)
是否为发钞行				0.309	0.303	0.155
				(0.322)	(0.313)	(0.278)
观测值	470	472	472	462	464	464
银行个数	149	149	149	147	147	147

银行资产规模变量显著为正:银行资产增加 1 000 万元,净利润增加 2.1%—2.7%。这表明,银行经营存在规模效应,银行规模越大,净利润水平越高。据此,我们可以理解为何规模越大的银行,兑换券发行越谨慎。因为规模大的银行,如果过量发行兑换券破坏了

其声誉,导致其市场份额下降,则其利润损失会更大,因此其违约的机会成本更高。

在第二组数据的 150 家银行中,约有 30 家为发钞行。一个值得关注的问题是,这些发钞行是否因为拥有发钞权而比其他银行获得超额利润。表 4.5 第(4)—(6)列加入了"是否为发钞行"的虚拟变量,其参数估计值为正,但在统计上均不显著,表明银行并未直接从发钞业务中获得超额利润,其背后蕴含了深刻的经济学逻辑。首先,如果发钞业务存在超额利润,那么各银行会竞相谋求兑换券发行权,竞争的结果是发钞业务净收益下降直至为零。发钞业务并未带来超额利润表明,民国时期的银行发钞竞争已达到均衡状态。[10]其次,在竞争性货币体系下,发行货币并非一本万利的业务。银行只有投入大量资源树立声誉,其货币才能够被消费者所接受,进而在市场中流通。因此,发钞业务最终是通过银行声誉对其经营绩效发挥作用的。[11]

银行商誉资本与经营行为

上述检验表明,商誉资本的确给银行带来更高的利润水平,其中的作用机制何在?银行良好的经营绩效无非得益于其日常经营业务。民国时期银行的主要业务是存贷与汇兑,其中汇兑业务又高度依赖于存贷业务。[12]因此,存贷业务是银行收益的主要来源,增加贷款资金的来源和规模是银行经营的重中之重。[13]银行可贷资金的来源有三:实收资本、盈余积累、吸收存款。利用第二组数据的检验发现,商誉资本的确给银行带来诸多经营优势,具体结果见表 4.6。

表 4.6　商誉资本与经营行为

变　　量	实收资本对数 （1）	积累对数 （2）	存款资产比 （3）	存款对数 （4）	贷款对数 （5）
生存时间	0.002 ***	0.014 ***	0.035 **	0.006 ***	0.006 ***
	(0.001)	(0.002)	(0.016)	(0.001)	(0.001)
观测值	481	427	481	481	481
银行个数	150	135	150	150	150
成立顺序	− 0.005 ***	− 0.035 ***	− 0.085 ***	− 0.014 ***	− 0.014 ***
	(0.002)	(0.004)	(0.032)	(0.003)	(0.002)
观测值	483	428	483	483	483
银行个数	150	135	150	150	150
银行公会会员	1.329 ***	3.120 ***	11.015 ***	2.445 ***	2.225 ***
	(0.181)	(0.431)	(3.168)	(0.265)	(0.245)
观测值	483	428	483	483	483
银行个数	150	135	150	150	150

　　第一,声誉越好的银行实收资本规模越大。生存时间增加 1 年,银行实收资本增加 2.4%;成立顺序靠后 1 个名次,银行实收资本减少0.5%;会员银行比非会员银行实收资本高 132.9%。银行实收资本,一方面是其持续经营和偿还债务最基本的物质基础,在有限责任制下是银行股东对其债务负责的上限;实收资本越多,银行抵御风险的能力越强;另一方面,实收资本可以作为日常经营的资金来源,增加企业可贷资金。因此,实收资本可以视为银行对商誉资本的追加投资,是银行赢得顾客吸收存款的一个重要砝码。[14]

　　第二,声誉越好的银行盈余积累越多。生存时间增加 1 年,银行盈余积累增加 16.8%;成立顺序靠后 1 个名次,银行盈余积累减少

3.5%;会员银行比非会员银行盈余积累增加312%。银行提高盈余积累,究竟是注重长期收益谋求长远发展,还是职业经理人追求更多在职消费所致? 从民国时期的银行来看,经理人一般都持有银行股份,并且形成了比较完善的职业经理人市场,较好地解决了银行的代理人问题,经理人行为目标可视为银行利润最大化而非代理人效用最大化。[15]因此,声誉好的银行提高盈余积累,说明其的确是注重长期收益,将更多盈余用于银行业务扩张和长远发展。[16]

第三,声誉越好的银行吸收存款的能力越强。生存时间增加1年,银行存款资产比提高0.42个百分点,存款规模扩大7.2%;成立顺序靠后1个名次,银行存款资本比下降0.085个百分点,存款规模减少1.4%;会员银行比非会员银行,存款资产比高11.015个百分点,存款规模大244.5%。此外,相对于官商合办银行来说,商办银行吸收存款的规模要少85%—93.9%。资产规模越大,银行吸收存款数量越多:资产增加1 000万元,银行存款资产比提高0.101—0.108个百分点,存款数量增加2.5%—2.8%。

第四,声誉好的银行贷款规模越大。生存时间增加1年,贷款增长7.2个百分点;成立顺序靠后1个名次,贷款减少1.4个百分点;会员银行比非会员银行贷款规模增加222.5%。这一发现与前面的检验结果是逻辑自洽的:银行可贷资金的主要来源是实收资本、盈余积累、存款余额,声誉好的银行实收资本、盈余积累和吸收存款规模更大,其贷款数量自然更多。另外,相对于官商合办银行,商办银行的贷款规模要小74.7%—80%。这一发现与上述检验结果也是一致的:由于商办银行吸收存款的能力要比官商合办银行弱得多,其可贷资金自然要少。

银行经营行为与经营绩效

上述分析表明,商誉资本的确给银行带来了各方面的经营优势,如声誉好的银行实收资本更多,盈余积累更高,吸收存款能力更强,贷款数量更多。问题是,这些经营优势真的转化成实际的经济绩效了吗? 一种可能性是,即使银行由于各方面经营优势获得更多的可贷资金,如果在放贷时缺乏必要的审慎性,银行贷款呆账比例和规模比较大,贷款非但未带来利息收入,还导致本金损失,从而降低了银行利润水平。

为此,我们进一步检验银行经营行为与绩效之间的关系。如表4.7所示,银行实收资本、盈余积累、存款数量及贷款规模的提高,的确都有助于银行利润的增长。具体来说,银行实收资本增加10%,银

表 4.7　银行经营行为与绩效

变　量	利润对数			
	（1）	（2）	（3）	（4）
实收资本对数	0.932***			
	(0.100)			
积累对数		0.274***		
		(0.053)		
存款对数			0.681***	
			(0.049)	
贷款对数				0.785***
				(0.051)
观测值	464	417	464	464
银行个数	147	134	147	147

行利润增加 9.32%；盈余积累增加 10%，银行利润增加 2.74%；存款
增加 10%，银行利润增加 6.81%；贷款规模增加 10%，银行利润增加
7.85%。

　　实际上，银行实收资本、盈余积累和存款等项资金并不会直接给
银行带来利润，最终是通过放贷来获取利息等收入的。为此，我们在
模型中同时加入贷款对数和实收资本对数等变量来检验银行利润的
源泉。如表 4.8 第（1）—（3）列所示，实收资本、盈余积累、存款等变
量系数依然为正，但在统计上不再显著。而贷款在三个模型中都是
显著为正的：贷款增加 10%，银行利润增加 4.53%—8.0%。表 4.8
第（4）—（6）列的进一步检验发现，银行增加实收资本、提高盈余积
累、扩大存款规模均有助于其增加贷款规模。实收资本增加 10%，银
行贷款规模增加 9.73%；盈余积累增加 10%，银行贷款规模增加 2.21%；

表 4.8　银行经营行为与绩效

变　量	利润对数			贷款对数		
	（1）	（2）	（3）	（4）	（5）	（6）
实收资本对数	0.198 (0.160)			0.973*** (0.082)		
积累对数		0.011 (0.058)			0.221*** (0.040)	
存款对数			0.305 (0.213)			0.798*** (0.029)
贷款对数	0.679*** (0.093)	0.800*** (0.092)	0.453* (0.244)			
观测值	464	417	464	483	428	483
银行个数	147	134	147	150	135	150

存款规模增加 10%，银行贷款增加 7.98%。这说明银行的确是通过增加银行贷款来提高利润水平的；银行提高实收资本、增加盈余积累、吸收存款等经营行为，无非是为了扩大其贷款规模以获取更高的利润。

银行经营绩效与兑换券发行

本章实证研究的最后一个逻辑环节是，发钞行是否真的是因为追求利润而倾向于稳健发行。这个检验潜在的问题是，银行可能为了追求长期利益而稳健发行，但稳健发行提高了其声誉，从而可能提高其利润水平，即利润和发行之间存在双向因果关系。为此，我们以第二组数据中发钞行 1932—1933 年净利润均值的对数为自变量来考察银行在 1934 年 9 月至 1935 年 9 月稳健发行的动因。采用滞后期的净利润水平作为自变量，至少能够大大缓解利润与发行之间的双向因果关系。

首先以全样本考察利润对发行的影响。如表 4.9 所示，模型（1）中滞后期利润对数变量为负，但在统计上是不显著的。模型（2）—（4）加入了银行声誉变量，滞后期利润对数在模型（2）—（3）中仍然为负，在模型（4）中为正，但在统计上都不显著。[17] 因此，从总体上看，利润对银行兑换券发行增速有抑制作用，但在统计上并不显著。

进一步考察发现，在 35 家发钞行中，有 15 家银行是全国性银行，其总行一般设在上海，分支机构遍及全国各大城市甚至全国各地；另外 20 家发钞行是地方性银行，其总行一般设在所在省的省会

表 4.9　银行稳健发行的动因(全样本)

变　量	环比增长率				
	(1)	(2)	(3)	(4)	(5)
滞后期利润对数	−2.561	−2.578	−2.830	2.181	−1.405**
	(1.825)	(1.844)	(1.838)	(1.522)	(0.614)
生存时间		−0.023**			
		(0.008)			
成立顺序			0.354*		
			(0.186)		
银行公会会员				−25.048**	
				(9.871)	
全国性发钞行					3.289*
					(1.599)
观测值	278	278	278	278	278
银行个数	27	27	27	27	27
R^2	0.138	0.144	0.145	0.165	0.079

　　注:全国性银行的总行大都设在上海,模型(5)未控制总行所在地;下表各模型同。

或者所在城市,业务范围局限于总行所在城市或者省内若干主要城市。上海金融市场竞争激烈,全国性银行除了立足上海之外,还需在其他主要城市推广其兑换券开展商业银行业务,必须建立起兑换券的声誉。地方性银行一般是省(市)立银行,其主要业务是经理地方政府国库、税收,兑换券的发行在一定程度上由地方政府财政支持。因此,声誉机制对地方性银行的作用可能并不显著。为此,我们在表4.9 模型(5)中加入了"全国性发钞行"的虚拟变量,发现相对于地方性发钞行而言,全国性发钞行的兑换券发行增速更快,其原因可能是全国性发钞行业务范围广,市场对其兑换券需求大。在控制了发钞

行的性质后，滞后期利润对数变量则是显著为负的：银行利润增加
1%，兑换券发行环比增长率下降 1.405 个百分点。

上述结果表明，不同性质的发钞行兑换券发行的行为有差异。
我们进一步考察了全国性发钞行子样本的情况，具体结果见表 4.10。
在模型(1)—(2)中，滞后期利润对数变量的系数显著为负：银行历史
上的利润增加 1%，其在白银风潮时期兑换券发行环比增长率下降
1.91—2.516 个百分点。模型(3)—(5)依次加入三个声誉变量，模型
(3)—(4)中滞后期利润变量的系数仍然显著为负：银行利润增加
1%，兑换券发行环比增长率下降 2.215—2.248 个百分点。模型(5)
中该系数为负但在统计上是不显著的，这可能是上海银行公会会员

表 4.10　银行稳健发行的动因(全国性银行样本)

变　量	环比增长率				
	(1)	(2)	(3)	(4)	(5)
滞后期利润对数	- 1.910*	- 2.516**	- 2.215*	- 2.248*	- 2.454
	(1.032)	(1.032)	(1.122)	(1.093)	(2.421)
生存时间			- 0.017*		
			(0.008)		
成立顺序				0.281**	
				(0.100)	
银行公会会员					- 0.227
					(7.518)
观测数	147	147	147	147	147
银行个数	13	13	13	13	13
R^2	0.042	0.143	0.154	0.167	0.143

注：模型(1)只控制所在地固定效应、金融季节固定效应；模型(2)进一步控
制银行规模、所有权性质。

变量与滞后期利润对数变量高度相关所致,两者的相关系数高达
0.612,两变量的联合显著性的 F 值是 3.02,p 值是 0.08,表明两个变
量是联合显著的。

因此,从总体来看,利润规模越大的银行,其兑换券发行的增速
越慢,发行越稳健。特别是全国性银行,追求利润的动机本身显著地
约束了其兑换券的发行行为。

几点余论

本章利用民国时期"白银风潮"中的银行兑换券发行数据和营业
数据对银行声誉机制的作用进行了实证检验。一个潜在的问题是,
那些发行和业务不稳健的银行可能会倒闭,从而不会出现在我们的
数据集中。由此引发两个问题:银行的倒闭是否会影响金融市场的
稳定;样本是否存在自选择问题。

首先,货币竞争的效果,并非确保每一家银行都能够长久地存
在;相反,竞争的作用在于那些经营不善的银行因为竞争而被淘汰,
业务稳健的银行则逐步发展壮大,出现优胜劣汰的良性循环。一般
来说,那些业务稳健的银行规模较大,为稳定市场发挥了至关重要的
作用;停业倒闭的银行规模较小,对市场不会造成实质性的影响。

从全部银行来看,自 1896 年中国通商银行建立起至 1934 年的
38 年间,中国共设立了 334 家银行,其中 49 家银行成立时间不明。
截至 1934 年已停业的银行达 162 家,存活银行 146 家,存活情况不
明银行 26 家(中国银行总管理处经济研究室,1934:F1),市场淘汰率

高达 48.5%,近一半的银行被市场淘汰了。以 1934 年停业的银行为
例(见表 4.11),1934 年有 8 家银行停业,其中 5 家停业银行(另 3 家
数据缺失)平均的资产总额为 154 万元,全国 135 家银行平均资产总
额达 3 254 万元,中国银行、中央银行、交通银行(以下简称"中中交")
三家银行的平均资产总额更是高达 62 628 万元。可见,那些停业倒
闭的银行一般是规模较小的银行,并不会对市场产生实质性的冲击。

表 4.11　1934 年停业银行与其他银行平均资产比较

	停业银行	全国银行	中中交三行
平均资产规模	154	3 254	62 628
平均资产比例	1	21	406

资料来源:中国银行总管理处经济研究室(1935:F54—83)。

　　从发钞行来看,比较 1934 年和 1918 年前夕的发钞行,我们发现
发钞行的数量基本稳定。1918 年前夕全国拥有发钞权的银行钱局
共 32 家[18];经过十多年的发展,全国发钞行数量略增加到 35 家,其
中以同名存在的银行有 9 家。[19]这 9 家银行 1918 年前夕发钞数占发
行总额的 55%,1934—1935 年发钞数占发行总额的 60.2%。其中,
中国银行和交通银行素以稳健经营著称,两行 1918 年前夕发行占比
33.2%,即使考虑到 1928 年中央银行的加入[20],两行 1934—1935 年
发行占比仍提高至43.5%,其市场份额扩大 10.33%。可见,发钞行
的主体是相当稳健的,在竞争的过程中逐步扩大了其市场份额。

　　因此,货币市场上的竞争形成了如图 4.3 所示的优胜劣汰过程,
那些规模较小的银行因经营不善被市场淘汰,而稳健经营的银行得

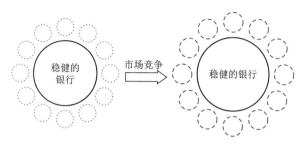

图 4.3　市场竞争的优胜劣汰过程

以幸存并逐渐发展壮大。市场的主体是稳健的,个别小银行的停业倒闭并不会对市场稳定造成实质性冲击。

　　其次,受数据所限,我们无法对银行进行长时期的动态历史研究。退而求其次,我们以"白银风潮"前夕民国银行微观数据考察声誉对银行发行和经营行为的影响,实际上是截取了市场竞争过程的某一个剖面,而这个剖面的确反映了市场竞争的动态过程,是具有典型性的。我们主要以银行的生存历史来度量其声誉,如果停业银行的创立时间分布过于集中,样本就存在自选择效应。图 4.4 描述了截至 1934 年,停业和幸存的银行创立年份的时间分布,其中幸存银行是被我们观察到的,停业银行是未被观察到的。数据表明,停业银行的创立时间并未出现过分集中的趋势。在清末,由于新设银行数量较少,在某年设立的银行要么在 1934 年还幸存,要么都停业了,但从平均水平来看,幸存银行和停业银行的创立年份总是交替的。在辛亥革命后至大萧条期间(1926 年例外),同年成立的银行总是有停业有幸存。大萧条之后,1933—1934 年新成立的银行经营期限较短,尚未观察到有银行停业的情况。

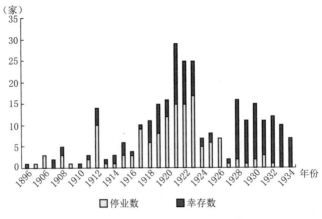

图 4.4　1896—1934 年银行设立情况

资料来源：中国银行总管理处经济研究室（1934：F1）。

概言之，停业银行和幸存银行的创立时间分布是较为均匀的，我们以幸存银行来考察声誉对银行发行及经营的影响，并不存在明显的样本自选择问题。

最后，也是最为重要的是，我们的实证研究并未完全剥离准备金制度对银行发钞行为的影响。可能有人担心，这个检验结果能够说明不兑现货币的竞争性发行绩效吗？的确，钞票的回赎机制会对银行发行产生影响，但从民国时期"白银风潮"下的银行行为来看，市场竞争和声誉机制的作用要远大于钞票赎回机制。图 4.5—4.6 描述了上海 9 家银行 1932 年 8 月至 1935 年 5 月兑换券发行的情况，我们发现钞票赎回机制无法解释以下两个重要的特征事实。

第一，在白银外流的情况下，发钞行主动增加兑换券的发行额，但兑换券发行依然表现出随金融季节波动的特征。一般而言，兑换

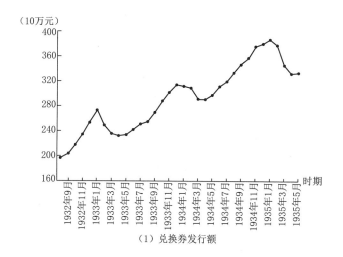

（1）兑换券发行额

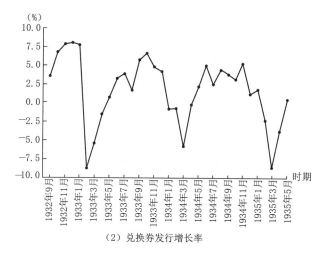

（2）兑换券发行增长率

图 4.5 上海 9 家发钞行兑换券发行情况

资料来源：中国银行总管理处经济研究室（1935：F89—F116；1936：S115—S120）。

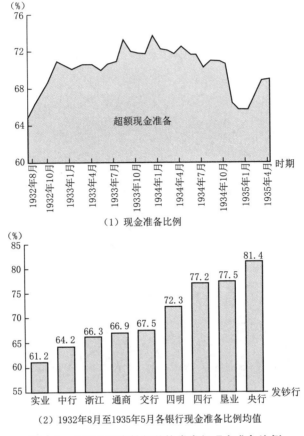

（1）现金准备比例

（2）1932年8月至1935年5月各银行现金准备比例均值

图 4.6　上海 9 家发钞行兑换券发行现金准备比例

资料来源：中国银行总管理处经济研究室（1935：F89—F116；1936：S115—S120）。

券发行额在年底达到高峰，在新年之后开始下降，至 4 月达到谷底，5月开始恢复正的增长。图 4.5 描述了三个周期的金融季节，参照表4.5，兑换券发行额的周期性波动与上海商品交易的季节波动是高度吻合的，说明银行的确根据市场对流动性的需求自发调节兑换券的供应量。可见,在竞争性货币体系下,银行的发钞行为并不会像货币竞争反对论者所预言的那样无限增发货币,在缺乏实质性中央银行的条件下仍能根据市场供求自发调节。

第二,银行发行额的周期性波动,并非受发行准备金约束所致。如上所述,民国时期兑换券的发行条例规定,兑换券发行实行 100%准备金制度,其中六成为现金准备,四成为保证准备,现金准备对银行兑换券发行量构成了一定的约束。但从实际情况来看,银行发行现金准备比例远远超过六成。尤其是在白银外流兑换券增发的情况下,银行纷纷提高现金准备比例。平均来看,9 家发钞行现金准备比例从期初的 64.8% 提高至 1934 年 1 月的 73.6%,至期末略降至68.9%。如果银行倾向于无限增发,完全可以将现金准备降低至法定比例。值得指出的是,作为国民政府的中央银行,其现金准备比例远远高于其他银行,平均比例高达81.4%,比中国银行高 17.2 个百分点,比交通银行高 13.6 个百分点。原因是,作为政府新成立的中央银行,其兑换券要在市场竞争的环境下取得民众的信赖,不得不大幅度提高现金准备比例以与中交两行展开竞争。

可见,在竞争性发行条件下,发钞行均实行超额现金准备制度,银行兑换券发行的周期性波动,并非由于发行准备金的约束所致,而是银行根据市场条件自发调整的结果。上海 9 家发钞行的超额现金准备实践表明,银行发钞量的波动是市场竞争和声誉机制在发挥作用。

注释

① 从 1932 年起,中国的生银及银币由净输入转为净输出:1932

年净输出 1 039 万元；1934 年美国实行白银国有化法案，中国白银净输出达到最高值 25 672 万元；1935 年白银净输出降至 5 939 万元（沈云龙，1987：S138）。大量白银外流导致中国物价水平下降，上海批发物价指数从 1931 年 9 月的 129.2 持续下降，至法币改革前夕降至 90（以 1926 年＝100）（阿瑟·恩·杨格，1981：527—531）。

② 民国时期银行的月份发行数据，以上海和天津两地的银行发行数据比较完整，但记录的银行个数少，样本变异不足。《全国银行年鉴》（1934 年、1935 年、1936 年）记载了上海 9 家银行月度发行数据，《中外商业金融汇报》（1934 年第 1 卷第 5 期、第 12 期）记载了天津 11 家银行的月度发行数据。此处的银行月度发行数来源于《中外商业金融专报》（1935 年第 9 期、第 12 期）公布的《最近全国各银行纸币发行额表》，其数据反映的是银行全国发行数。

③ 1934 年 9 月至 1935 年 9 月间，全国 34 家发钞行月度发行环比增长率的均值为 2.95%，表明该期间银行兑换券发行总体上处于增发状态。

④ 数据来源于《全国银行年鉴》（1936 年）下篇第十九章 S36—S114 页，剔除了原表中个别数据缺失、不完整的银行。

⑤ 全样本是 35 家发钞行，加入控制变量后减少 1 家。这里描述的是全样本的情况。

⑥ 我们尝试对第二组数据各模型使用固定效应模型进行估计，发现随时间变化的生存时间变量对银行的经营行为（实收资本对数、盈余积累对数、存款对数和贷款对数）和经营绩效（利润对数）仍然具有显著的正向作用，各经营行为对经营绩效具有显著的正向作用（其

中盈余积累对数系数为正但不显著），表明模型结果基本稳健。

⑦ 本章尝试将银行资产规模对声誉变量进行单变量回归，发现声誉对银行资产规模具有显著的正向作用，受篇幅所限在正文未报告回归结果。

⑧ 系数显著性水平为 0.09。

⑨ 1934 年 10 月银行兑换券发行有所回落，但其增长率仍然比 2 月、7 月高。

⑩ 自清末以降，中国出现竞争性发行兑换券的业态。在殖民地半殖民地的社会性质背景下，外商银行发行的兑换券一开始赢得民众的信赖，而华商银行的纸币流通量较少。随着外商银行连续出现停兑或倒闭的个案，外商银行的纸币信誉下降，以中交两行为首的华商银行所发兑换券声誉日隆，逐步替代了外商银行兑换券成为经济流通中的主要交易媒介。虽然每年都有商业银行停业和新成立，但发钞行的个数是相当稳定的。尤其是，发行规模比较大的银行队伍是相当稳定的。

⑪ 民国时期的领券制度充分说明了声誉机制的作用。一些规模较小的银行，不是致力于获取发钞权，而是以同等的准备金甚至是更高的准备金向中交两行申领兑换券。其目的是借助中交两行卓著的声誉吸引顾客，与由自己发行兑换券相比，领用中交两行的兑换券大大节省了兑换券的推广成本。

⑫ 据统计，1928—1933 年间上海银行公会 28 家会员银行利息收入占总收益的55.07%，手续费兑换收益占总收益的 44.92%（中国银行总管理处经济研究室，1933:47）。

⑬ 1930 年，时任中国银行总经理张嘉璈在《他山之石》一文中说道："不论哪一家银行，绝没有单靠资本营业的，股本之外，全靠存款，存款愈多，营业愈大，利益愈厚。所以，顾客是我们的第二股东……存款是商业银行的永久基础。"（陈炳熙：《中国银行上海分行史》，经济科学出版社 1991 年版，第 51 页）。

⑭ 全国 160 多家银行 1932—1935 年实收资本年平均余额为 29 209 万元，相当于各项放款余额的 11.71%（中国银行总管理处经济研究室，1936：S35）。

⑮ 刘平（2008：206）认为，银行是近代中国公司组织发育最为充分的行业，同时也是职业经理阶层最为完善的行业。其研究指出，近代中国的职业经理阶层大致有两种类型：一种是公司的创办者或者大股东，他们既是对自己投资负责的企业主要控制人，又是对全体股东投资负责的职业经理人；另一种则是虽然参股但真正支薪的职业经理阶层，他们在银行中的地位和作用主要不是靠他们的投资，而是依赖于他们作为职业经理人员的经营管理才干。近代中国一些比较有影响的银行以及其他近代金融机构，基本上都是由一批受过良好专业教育和训练的经理阶层所掌握和经营。

⑯ 全国 160 多家银行 1932—1935 年盈余积累年平均余额为 7 322.1 万元，相当于各项放款余额的 2.94%（中国银行总管理处经济研究室，1936：S35）。

⑰ 滞后期利润对数变量在模型（1）—（4）的显著性水平分为 18.6%、18.7%、14.9%、17.7%。

⑱ 1918 年前夕约有 13 家外国银行在华发行钞票，其中 6 家银

行钞票全数流通于中国,其他银行在华流通数不详。按照徐永祚
(1919)的估计,外国银行在华发钞量约为4 621.2万元,占发行总额
17.6%。为了与1934—1935年的发钞情况可比,统计1918年前夕发
钞情况时,本章剔除了外国银行的发钞数。

⑲ 这9家银行分别为中国银行、交通银行、兴业银行、湖南银
行、实业银行、浙江地方银行、广西银行、中国通商银行、四明银行。

⑳ 中央银行1934—1935年发行占比为14.58%。

第五章　1935年法币改革：从竞争到垄断

法币改革

晚清政府曾试图对分散发行的货币制度加以整顿和统一。例如,1909年度支部奏定《通用银钱章程》,不许官商银钱行号增发钞票,已经发行的逐渐收回;1910年又奏定《兑换纸币则例》,由大清银行统一发行,并规定五成现金准备,各省商号所发行的钞票每年收回二成,五年收尽。但这些办法因辛亥革命而未付诸实施(彭信威,2020:902)。民国四年,财政部颁布取缔纸币条例以图统一纸币发行,但由于北洋政府对各地方无实质管治权,统一纸币政策并未切实奉行。在大萧条后,西方主要国家相继放弃金本位,白银价格上涨;1934年美国实施白银收购政策进一步提高了国际银价,中国白银外流严重。国民政府实行白银出口征税和平衡税政策亦难以阻止白银私运之风,中国国内出现严重通货紧缩,经济陷入危机。在此背景下,如图5.1所示,国民政府分两个步骤推行法币改革。

图 5.1　法币改革：从竞争到垄断

首先，国民政府加强对中交两行尤其是中国银行的控制。1935
年 4 月，国民政府强行以不流通市面之国债抵充资本金增资中交两
行。其中，中国银行资本金从 2 500 万元增加至 4 000 万元，官股从
500 万元增加至 2 000 万元，官股比重从 20% 提高到 50%（中国银行
行史编辑委员会，1995：909）。同时，中国银行总经理张嘉璈被调任
中央银行副总裁，国民政府高官宋子文担任中国银行董事。①其次，
国民政府取消其他银行自由发行货币的权力。1935 年 11 月 4 日，国
民政府实行法币改革，规定中央银行、中国银行、交通银行三行所发
钞票为法币，并集中发行。中中交三行对外汇为无限制之购售，直至
1938 年 3 月国民政府因外汇资源枯竭而不得不对外汇买卖实行限额
管制，逐步取消法币发行的外汇准备限制（中国人民银行总行参事
室，1991：179—186）。

法币改革意味着从清初开始的纸币的竞争性发行被政府垄断发
行替代，但货币发行准备制度并未立即发生根本变化。②在法币改革
之前，各银行货币发行准备六成为现金准备，包括银元银两大条、存
出国外同业、运送中的现金等；四成为保证准备，包括证券、房屋道
契、押款及押汇品等（蔼庐，1928：2）。法币改革初期货币发行准备仍
为现金准备六成，保证准备四成。其中现金准备的构成除金银外增
加了不少英镑及美元外汇。③在 1938 年 3 月之前，国民政府实行自
由购售外汇政策，英镑和美元作为硬通货其功能与白银类似，法币发
行受银行外汇储备的约束。1938 年 3 月由于外汇储备不足，国民政
府取消了自由购售外汇制度，转而采取外汇管制措施，限制居民以法
币自由兑换外汇，部分地解除了法币发行的外汇储备约束。1941 年

底太平洋战争爆发,国民政府彻底取消了法币发行的汇兑限制,法币发行不再受到外汇储备的约束。

因此,法币改革前后,货币发行从竞争变为垄断,但在自由购售外汇体制下,货币发行准备制度基本没有变化,只是在1938年3月以后法币发行的准备金制度发生了实质性的变化。这为检验市场结构的变化对银行行为的影响提供了一个自然实验。发钞行的发行决策主要受两种力量作用:一是货币发行准备制度,二为市场结构。由于法币改革前后货币发行均实行100%准备金制度。因此,如果法币改革前后发钞行的行为存在显著差异,则这种差异并非缘于货币发行准备制度的不同,而是市场结构的变化所致。

中行沪行的三重角色

自1912年成立之日起,中国银行即被赋予发行兑换券的特权,作为市场规模最大的银行,担负稳定金融市场的重任。下面考察中行沪行作为发行的银行、商业性银行和银行的银行所发挥的作用。

作为发行的银行

根据货币非国家化理论批评者的分析,拥有发钞权的银行将倾向于无限发行货币以获得铸币税,最终引发通货膨胀(Bryant,1981;Tuab,1985)。然而,中行沪行的经验表明,在竞争性货币体系下,维护币信是发钞行的首要目标,其有足够的动力保持币值稳定。

1916年5月,北洋政府密令中国银行和交通银行各地分行停止兑现,以将两行各地现金准备运集北京作为中央政府还债及日常运作的经费。接到停兑令后,中行沪行对外宣告拒绝执行院令,并采取了一系列措施应对即将来临的挤兑风潮。(1)通过法院以涉讼为由确保时任宋汉章、张嘉璈正副经理对沪行的管理之权;(2)仔细估算发钞数及现金准备额,与麦加利和正金两家外商银行商借 200 万元现金备用;(3)两次登报公告在休息日延长兑现营业时间以安定人心;(4)在本行兑现的同时委托南北市的钱庄悬牌代兑。宋汉章和张嘉璈认为,如遵令停兑,"则中国之银行将从此信用扫地,永无恢复之望,而中国整个金融组织亦将无由脱离外商银行之桎梏"(中国银行行史编辑委员会,1995:77)。由于中行沪行向来经营稳健且准备充分,成功抵抗了停兑令和应付挤兑风潮。

1916 年成功抵抗停兑令后,中行沪券信誉及需求大增,沪券发行额增长迅速。中行沪行认为,发行愈增则中行之责任愈重,发行兑换券应有充足的准备金,如未将准备情况公开,难得社会上的完全信用。因此,1928 年初中行沪行主动向政府呈请公开准备检查发行情况,以使社会增加其信用。为此,沪行邀集各方代表组织发行准备检查委员会,公开检查其发行准备金。在中行沪行公开发行准备情况的影响下,其他各主要发行银行也先后公开了自己的发行准备情况,除各行沪券公开发行准备检查报告外,外埠发行机构也在上海公布发行准备检查报告以增强所发钞券的信誉,提高本行库的社会认同(董昕,2009:136—145)。

上述分析表明,在市场竞争环境下,中行沪行极其重视维护本行兑换券信用,不仅勇于抵御中央政府破坏币信的命令,而且主动公开发行准备施以自我约束,使中行沪券信誉渐增,流通范围日广。中国

银行作为市场份额最大、实力最强的竞争者,历来恪守之方针政策
为:"当资金过剩,市面宽松之日,懔然于循环之比至,不敢不审慎从
事,宁忍亏耗;及市面紧迫,则权衡轻重,维持常度,尽本行应尽之
责。"(中国银行总行等,1991:2172—2173)

　　总体上看,如图 5.2 所示,在 1935 年 11 月法币改革之前,中行沪

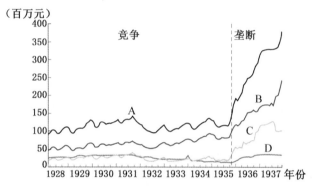

（1）月发行流通额

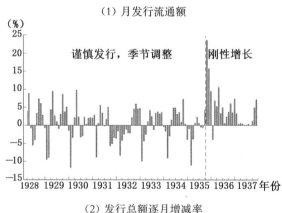

（2）发行总额逐月增减率

图 5.2　中国银行上海分行月度发行情况(1928—1937 年)

注:图(1)中,A 为总发行流通额,B 为本行月发行流通额,C 为联行月领用
流通额,D 为行庄月领用流通额。

　　资料来源:董昕(2009:附录三)。

行采取谨慎发行、按金融季节吞吐调节的发行政策。[④]1929年世界经济危机爆发，金贵银贱导致白银内流通货膨胀，中行沪行及时减少兑换券发行；从1932年起白银价格上涨白银外流，国内出现通货紧缩，中行沪行转而增加兑换券发行。在上述两波外生冲击中，中行沪行的货币发行仍然遵循按金融季节调节的政策。然而，法币改革确立了中中交三行货币发行的垄断地位，发行银行逐渐沦为国民政府财政赤字的融资工具，中行沪行的货币发行政策发生了根本性变化，从谨慎发行、吞吐调节变为刚性增长。

作为商业性银行

竞争可能使优胜者在市场中具有相对优势，甚至发展成寡头垄断者。但中行沪行的经验表明，即使成为行业执牛耳者，激烈的市场竞争仍然像紧箍咒一样时刻约束着大银行的行为。中行沪行兑换券发行额占上海华商银行发行总额的比重，1927年达到最高值62.5%，1928年中央银行成立后虽然逐渐下降，但在法币改革前的1934年仍然达33.1%。[⑤]因此，中行沪行可谓各发券行的领先者。从1912年成立至1935年底法币改革前的20多年中，中行沪行始终将广纳存款审慎放贷作为一项重要业务，甚至视为银行的生命线。

在存款业务方面，时任中国银行总经理张嘉璈一贯将顾客当股东，提出："不论哪一家银行，绝没有单靠资本营业的，股本之外，全靠存款，存款愈多，营业愈大，利益愈厚……存款是商业银行的永久基础。"（中国银行上海国际金融研究所行史编写组，1991:51）这一指导思想体现在中行沪行的系列业务创新之中。(1)1914年开始对银元存款付息,改变了当时外国银行及钱庄只对银两存款付息的惯例;(2)通过增强服务提高效率广揽存户,如鼓励缴税单位开立支票账户使用支票付税,避免职员私吞税款潜逃;(3)银两银元互换均不收手续费;(4)率先试行柜员制加速临柜处理速度,减少顾客等候的时间;(5)对存款余额不计多少,即使当日结清亦不计较,银行虽多费手续毫无收益,但可使存户乐于往来(中国银行上海国际金融研究所行史编写组,1991:28)。

在贷款业务方面,中行沪行既保持应有的谨慎,又不失灵活性。中国钱庄放款一向仅凭信用,新式银行推行抵押放款往往遇到阻力。中行内地各分支行信用放款比例较大,沪行则严格限制信用放款并制定了苛刻的条件,要求各行信用放款,应与汇兑、发行、存款确有关系并有充分信用者,经总处批准后叙做;在叙做信用放款时,对有些较殷实的客户,则可不需提供保证人;但对个人的信用放款,则绝对禁止。中行沪行作为全国信誉最好规模最大的银行,在贷款业务上并非一味地追求大客户,而是以稳健和盈利为标准。例如,针对国内手工业发展稳健但缺乏资金支持的状况,1934年中行沪行首创工业小额低息放款业务,每户大者2 000元,小者300元,利率很低,很受中小手工业户的欢迎。这些小工厂,大都能顾全信用,到期偿还(中国银行上海国际金融研究所行史编写组,1991:51—52)。

作为银行的银行

在自由银行体系下,虽然不存在实质性的中央银行,以中行沪行为首设立的银行公会组织在市场发生危机时充当最后贷款人角色，在一定程度上发挥了银行之银行的功能。

鉴于上海各国银行林立、中国金融机构势力较弱，时任中行沪行副经理张嘉璈与钱新之、陈光甫、李馥荪等人于 1915 年创议组织公会。1918 年 10 月 19 日，上海银行公会正式成立。1919 年 3 月，公会设立公共准备金，会员行即时缴足准备总额 30 万元，由中行沪行专库保管。其中中交两行各认缴准备金 6 万两（九八规元），其余 10 家银行认缴余下的 18 万两。"系为在会各银行不虞之备，减少向来营业危险，增长同业公共信用。"此项准备金系现银不起息，专为维持市面之用。凡银行公会的在会银行或其他大钱庄，因市面发生意外或风潮需要维持时，均可以相当的抵押品向公会抵押借用款项。"斯举不独巩固银行之营业，而增加其对外之信用，且足维持市面之金融。"1919 年 9 月及 11 月，上海银行公会曾两次拆出公共准备金救济市面，中行沪行皆以行库中自有银两暂为垫付，收回时再行归还，所得利银由中行沪行另行立户代存（董昕，2009：276—279）。1927 年 12 月上海银行公会议决将准备金连同利息发还各会员行，其主要原因是部分会员银行对公共准备金制度存有异议，称此项准备金设立以来，实际作用不大。"而各行徒然搁置一款，两无裨益。殊非图谋经济发展之道，刻拟请将此项准备金各自提回。"（张天政，2005：73）事后表明，银行公会公共准备金在应对外部危机时仍能发挥重要作用，类似的制度安排在危机中恢复。

1932 年"一·二八"事变爆发，上海银行公会响应上海市商会号召决定停市三天，但鉴于金融业停市影响甚巨，上海各银行仍变相暗中兑现拨付款项。随着形势的变化，全国各界呼吁上海银行业复业的声音不断，上海银行业亦觉得有必要尽快开业，但复业后可能发生的挤兑及提取存款将摧毁上海金融。1932 年 2 月 4 日上海银行业毅然复业，上海银行公会拟定九条临时办法以应对危机，并迅速组织成立上海银行同业公会联合准备委员会及联合准备库，各行认缴地产、证券、金银等各种形式的财产 7 420 万元作保证入库，中行沪行一家即认缴 1 000 万两（王晶，2009：138—143）。委员会发行一种"公单"来救市，这种公单"足以代替现金，实无异沪市存银骤增千数百万，风声所播，人心因以渐安"。3 月 15 日，银行公会联合准备委员会正式开办。在各会员行缴存财产的基础上，由委员会"依财产估价七折分别发给公单、公库证、抵押证三种单证。公单可在市面行使代替现金，公库证及抵押证则可为各银行发行钞票及储蓄存款之保证。准备公单一项，除可由原领用银行持向该会抵借款项外，若已在市面行使，则持有人可随时向该会兑现取款。盖藉公单之行使，既可使银行间之资金更形活泼，并可增进商业上不少之便利"。上海钱业也有相似举措，银钱业联合准备库起到了"银行的银行"之职能（杜恂诚，2009：179—180）。

综上所述，在竞争性货币体系下，中行沪行作为上海金融界的执牛耳者，在货币发行方面保持了相当谨慎，在存贷业务方面积极创新吸纳存款的同时稳健放贷，并通过组织同业公会的方式充当了准中央银行的职责，为维持上海金融市面稳定发挥了积极作用。

货币供给与物价波动

我们无法获得全国层面的兑换券发行数量和物价波动的长时期月度数据,而中国银行上海分行作为上海最重要的银行,其兑换券发行对货币总供给有指引性作用。本节以中行沪行为中心具体考察货币供给与上海物价波动之间的关系,也将讨论全国层面各银行兑换券年度发行额的变化,以检验其他银行与中国银行行为是否存在差异。

图 5.3 描述了 1921 年 1 月至 1937 年 6 月上海市物价波动。在这一期间除 1932 年发生"一·二八"事变外,上海基本上不受战争因

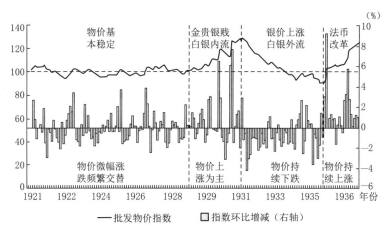

图 5.3　1921 年 1 月至 1937 年 6 月上海批发物价指数

资料来源:1921—1931 年数据来自《上海批发物价指数表》,《上海物价季刊》1932 年第四季,第 24—26 页;1932—1937 年数据来自阿瑟·恩·杨格(1981:527—531)。两处数据均以 1926 年均值为 100,直接可比。

素的影响，物价的波动主要受经济因素作用。总体来说，从1921年至抗战全面爆发期间，上海物价经历了以下四个阶段：前期物价基本稳定、大萧条期间白银内流引发通货膨胀、大萧条后白银外流导致通货紧缩、法币改革后物价持续上涨。根据费雪方程式 $M \cdot V = P \cdot T$，物价变动受货币供给、货币流通速度和总产出的影响。在样本期间，货币流通速度和总产出固然并非一成不变，但货币流通速度和总产出可视为外生变量，货币供应量才是货币政策可控变量。健全的货币体系的作用，恰恰在于根据货币流通速度和总产出的变化适时调整货币存量以保持物价水平稳定。下面我们将揭示，在正常时期及遭遇外生性冲击时，竞争性货币体系如何维持币信进而竭力维持物价稳定，而法币改革对银行的行为及物价波动带来了哪些根本性的变化。

第一阶段：季节调整，物价稳定

在1929年世界经济危机爆发之前，上海物价相当稳定。在1921—1928年的8年间，上海物价指数最高为106.8，最低为95.5，平均值为101，物价水平微幅波动。譬如，在96个月内，价格连续上涨时间最长5个月，连续下跌时间最长也是5个月，更多的情况是微幅涨跌逐月频繁交替，物价水平基本稳定，这实归功于发行银行根据金融季节调整发行数量。不同季节资金供求状况迥异，资金需求受货物生产及买卖期、租税征收期、商业结算期、国际贸易盛衰、债券股票的募集及还本付息等因素影响，资金供给则受通货铸造多寡、纸币发行增减、领用制度发达程度等因素左右。如表5.1所示，上海的金融

表 5.1　上海金融季节情况表

第一季	2—3 月	承旧历新年之用,银洋存底既丰,大宗商业尚未恢复,为金融最宽松时期
第二季	4—6 月	丝茧及茶逐渐上市,又为端节清账之期,资金需要增加,为金融最紧急时期
第三季	7 月	各业大都清淡,银洋用途少,为金融平和时期
第四季	8—10 月	江浙棉花、汉口杂粮、东三省豆饼等同时登场,又为秋节结账之期,为金融最紧急时期
第五季	11 月	与第三季同,为金融平和时期
第六季	12 月至次年元月	为阳历及阴历年底先后结账期,商贾全年交易均在此时结账,为金融最紧急时期

资料来源:徐仓水:《论金融之季节》,《银行周报》第 5 卷 10 号,1921 年 3 月 22 日。

季节大体上可分为六季,综合来看,大致为上半年常宽,下半年则常紧。

图 5.4 描述了 1928 年 7 月至 1935 年 6 月七年间中行沪行兑换券发行的情况。除 1932 年受“一·二八”事变影响,货币发行额持续下降外,其他年份在元旦前夕、一年中期金融紧急季节迎来兑换券发行高峰,在春节过后迎来发行低谷。例如,1928 年 4—5 月增加发行以应付丝茧及茶上市之需,6—8 月则连续减少发行度过金融平和期,9—12 月则连续增加发行以应对棉粮交易及年关结算之需,1929 年 1—3 月又连续减少发行度过金融最为宽松的时期。在没有外部冲击的情况下,金融季节稳定,中行沪行发行额亦与上海金融季节的变化一致。其中,本行发行数的金融季节调整最为明显,联行领用次之,行庄领用数在大萧条后基本上处于萎缩状态,金融季节调整特征不明显。

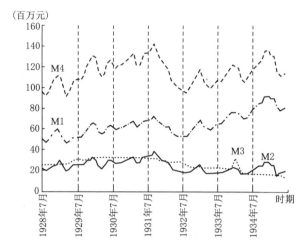

图 5.4　中行沪行发行的金融季节调整

注:M1 为本行发行数,M2 为联行领用数,M3 为行庄领用数,M4 为发行总额。

资料来源:董昕(2009:附录三);中国人民银行上海市分行(1978:622—627)。

第二阶段:白银内流,紧缩通货

1929 年世界经济危机爆发,金贵银贱,大量白银内流。这一外生冲击的确不断推高上海物价水平,但以中行沪行为首的发钞行通过调整兑换券发行规模及信贷政策,部分抵消了外生冲击所引发的通货膨胀。

在货币发行方面,中行沪行紧缩发行规模。1929—1932 年,中行沪行纸币发行流通额逐年递减,分别为 1.313 亿元、1.272 亿元、1.234 亿元、1.129 亿元[6],表明中行沪行为应对"金贵银贱、白银内流"的外部冲击采取了连续紧缩的发行政策。如图 5.5 所示,随着白

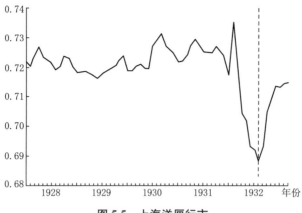

图 5.5　上海洋厘行市

资料来源:董昕(2009:附录三);中国人民银行上海市分行(1978:622—627)。

银进口数量增加,上海市面现洋(银元)存底增加,洋厘行市下跌。[7]在这一价格信号指引下,上海各银行纷纷以银两购买市面银元,导致银行银两存底减少,银元存底增加,银行白银存底总数只是略有增加,基本保持不变。例如,1931年杭州造币厂添铸银币9 130万元,而上海市面现洋(银元)存底只增加3 370万元,年底现洋存底为17 751万元。1931年底中国生银之纯进口额有4 500余万海关两[8],而上海市面之现银存底转减1 800万两,现银存底为5 321.3万两。一方增加现洋3 370万元,一方减少银1 800万两,实际存底,仍旧无大出入(中国银行总行等,1991:2055)。如图5.6(1)所示,在竞争性货币体系下,以中行沪行为首的上海各银行通过减少银两存底数来抵消白银内流所导致的银元供应增加的影响,使上海现银存底在1929—1931年间基本保持稳定。

　　在存贷业务上中行沪行亦采取了相当的紧缩政策，库存现金从1927年的207万元增加至1929年的1 006.2万元，1931年、1932年两年分别增加至1 978.2万元、4 592.1万元（中国银行上海国际金融研究所行史编写组，1991：附录二）。这表明沪行在银根宽松之际主

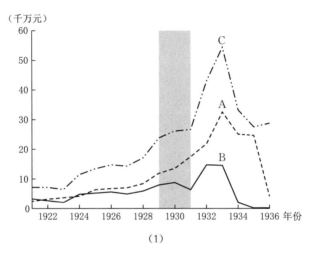

（1）

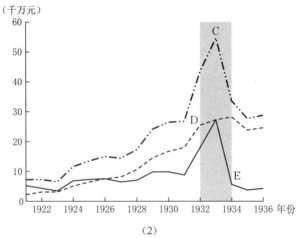

（2）

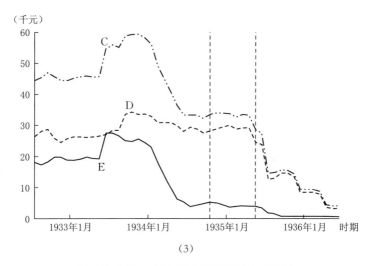

（3）

图 5.6　民国时期上海各银行现银存底统计

注:A 为银元存量,B 为银两存量,C 为折合银元存量,D 为华商银行折合银元存量,E 为外商银行折合银元存量。

资料来源:《民国十年以来上海各银行现银存底统计表》,《中外商业金融汇报》1936 年第 3 卷第 12 期,第 30 页。

动窖藏现金压缩信贷规模。值得指出的是,在经历了 1931 年的物价上涨之后,沪行在 1932 年加大紧缩力度,现金准备虽然从 1931 年的 565 万元增加至 644 万元,但兑换券发行额却从 1.234 亿元降至 1.129 亿元,现金准备成数从 45.7% 提高至 57.1%。关于减少兑换券发行数的原因,中国银行 1932 年年度报告的解释是:"本行认为市面通货,已有过剩趋向,不应再事膨胀。故本行对于发行,不取积极推进方针,只令维持相当固有数目,以应信用本行钞票者之切要而已。"(中国银行总行等,1991:2965—2966)这说明,中行沪行主动采取紧缩政策,并非受现金准备的约束,而是在"看不见的手"指引下,为维护物价及币值稳定而采取的措施。

第三阶段：白银外流，主动增发

1929 年世界经济危机爆发后，英美法等国先后放弃金本位制，白银价格上涨，中国白银由内流转为外流，1934 年 6 月美国的白银收购计划加剧了这一趋势。1932 年起中国白银进出口改变了入超的局面，1933 年中国对世界市场供应之白银量为 1 950 万盎司，1934 年即猛增至 2.6 亿盎司（中国人民银行总行参事室，1991：158）。这又一外生冲击使中国从通货膨胀急转为通货紧缩，世界经济危机的影响波及中国。上海批发物价指数在 1933 年底已跌至 1926 年的水平，在法币改革前夕最低已跌至 90.5。竞争性货币体系在实质性中央银行缺位的情况下，是如何应对这场危机的呢？

中国银行提出的应对之策是："全国上下，排除一切不生产的信用之膨胀，节减一切不必要之消费，银行对于生产事业之信用，勿为过度之紧缩，人民对于辛勤所得之金钱，勿为不生产之仓储。"（中国银行总行等，1991：2056）为此，面对通货紧缩的形势，中行采取有进无退之方针，"对于金融界巩固及改进金融组织之合作运动，固已尽力援助，以促其成；即凡工业因缺乏资金，不能进展者，则充分接济之；凡农产品因无金融帮助，不能维持相当价格者，则尽量调剂之；凡各省建设事业，需要巨大资金者，亦无不尽力助其完成；一面尽量向内地放款，矫正集中现金于都市之弊病。"（中国银行总行等，1991：2061）

在发行业务方面,1934年在白银外流的情况下,中行沪行将发行的现金准备增加至7 293万元,兑换券发行总余额增至1.36亿元,均比1933年增加了12.3%。1935年现金准备及发行余额又分别增至1.29亿元、1.75亿元。[⑨]与第二阶段转减现银存底相反,面对白银外流通货紧缩的局势,上海各银行大幅度增加现银存底。1932年底上海各银行现银存底从上年的2.66亿元增加至4.38亿元,1933年进一步增至5.47亿元。1934年现银存底骤降至3.35亿元,但仍高于1932年的存底水平。如图5.6(2)所示,1934年现银存底下降的原因是,美国实施白银收购法案,上海外商银行增加现银出口图利,使其现银存底从1933年的2.75亿元骤减至5 467万元。而上海华商银行为维持上海物价及币值稳定,现银存底仍然从1933年的2.7亿元略增至2.8亿元。[⑩]值得指出的是,如图5.6(3)所示,华商银行的库存现银在1935年4月中交两行股权改革时仍保持在较高水平,只是在1935年11月法币改革后,华商银行的库存现银才出现大幅度下滑,说明年度数据所观察到的银行行为在1935年前后的变化,主要不是源于股权改革,而是法币改革所致。

在贷款业务方面,中行认为,金融业在此时应"转易方针":一起降低利率,减轻借款人负担。从总量上看,1933年中行沪行库存现金从上年度的4 592.1万元下降至3 165万元,1934年进一步降至462.4万元;信用放款则从1932年的1 905.4万元增至2 194.1万元,1934年进一步增加至2 361.7万元(中国银行上海国际金融研究所行史编写组,1991:附录二)。[⑪]交行的情况相类似,1932年工商业放款641万元,1933年增至926万元,1934年更增至2 444万元。据上海 15 家重要银行的工矿企业放款统计,1930 年共放款 0.91 亿元, 1933 年增加到 1.63 亿元,增长了 79%(杜恂诚,2009：52—53)。

从区域上看,中行为抑制经济萧条现金集中大城市之弊,在详细调查内地经济基础上采取了一系列措施,主动扩大对内地的贷款规模(中国银行行史编辑委员会,1995：274—277)。(1)增设内地机构。1933 年在交通比较便利的物产集散中心添设分支行处 40 处,1934 年又在内地土产集散区添设分支机构 27 处。(2)增加内地贷款,降低利率。中行率先增加对内地工商业贷款,对缺乏资金的工业给予充分救济,对农产品因无金融帮助不能维护相当价格的,尽量予以调剂。1933 年中行全行贷款比 1932 年增加 2 850 万元,口岸所增贷款仅占 35%,内地所增贷款约占 65%,这是一个巨大的转变;1933 年起贷款利率较往年减低 2—3 厘。(3)承受内地物产期票。20 世纪 30 年代初,内地钱庄不愿承受期票导致物产滞销农村困苦,中行特令内地分支行处尽量多做期票贴现及买进期票,向内地输送资金。中行既维护了上海乃至全国金融稳定,在发展内地经济的同时自身业务也得以扩展,帮助中行摆脱世界经济危机之影响。[12]

可见,在白银大量外流、通货紧缩的情况下,以中行沪行为首的银行机构通过增加货币发行及贷款额度的办法,走出货币供给的瓶颈,在一定程度上减轻白银外流这一外部冲击所造成的通货紧缩。

第四阶段：法币改革,刚性增长

1935 年 11 月法币改革后上海物价出现了恐慌性上涨,批发物价指数比同年9月份上涨了13.4%,每月物价指数上涨6.4%。[13]从法币改革至抗战全面爆发前期间,上海物价持续上涨,1937年6月批发物价指数上涨至126.1(以1926年=100)。[14]令人困惑的是,在物价不断攀升之际,昔日竭力采取紧缩政策以应对通胀的银行体系反其道而行,不断扩大货币发行规模,增加贷款规模。1935年底上海各银行货币发行额从1934年的4.13亿元增加至6.37亿元,1936年底大幅度增加至10.1亿元。[15]其中,1935年11月中行沪行发行额即比上月增加23.5%,达到1.47亿元(董昕,2009:附录三),交通银行上海分行发行额比上月增加27.2%,达到6 981万元(交通银行总行等,1995:877—880)。1935—1936年,中行沪行库存现金从166.9万元减少至122.1万元,信用放款则从312.4万元骤增至984.6万元,定期抵押放款从4 536.2万元猛增至8 146.8万元(中国银行上海国际金融研究所行史编写组,1991:附录二)。1935年、1936年交通银行放款总额从2.27亿元增加至3.44亿元,增长了51.5%。其中,定期放款从6 369.5万元增至8 295.8万元,活期放款从1.5亿元增至2.34亿元,贴现放款从594.2万元增至1 612.4万元,买汇放款则从771.4万元增至1 116.3万元(交通银行总行等,1995:359—361)。

当然,法币改革初期中交两行为了收回民间藏银而大量增发法币,似乎不能视为通货之过度增加。[16]但考虑以下两方面因素,过度发行仍是不可否认之事实。第一,中国人民向来有沿用现银的旧习,既然增发法币是为了收兑民间存银,单纯的收兑并不会增加流通中的货币总量,也不会抬高物价。但从上海的情况来看,法币改革后物价确实出现了过快的上涨,这不能不说是货币供应量过快增加的后果。第二,中交两行增加官股的改组及法币改革,增强了国民政府对两行的控制力,中交两行逐渐沦为国民政府财政赤字的融资工具。1928 年中国银行改组为国际汇兑银行后,对政府机关和个人贷款所占比重逐年减少,但 1935 年改组后,对政府机关的贷款又趋上升(中国银行行史编辑委员会,1995:251)。法币改革后,交通银行对政府放款也出现了大幅增长:1936 年交通银行对政府(中央政府及省市政府)放款额比上年增加 4 619.5 万元,增长 100%;而 1934 年仅比 1933 年增加 458.3 万元,增长 19.8%(交通银行总行、中国第二历史博物馆,1995:362)。昔日谨慎有加的银行体系,在物价不断上涨的背景下逆道而行不断扩张信用,政府垄断货币发行破坏了市场竞争这只"看不见的手"的作用。

其他银行的情况

上述分析以中行沪行为中心,表 5.2 列示了其他银行货币发行的情况,呈现两大特征。第一,交通银行上海分行货币发行情况与中行沪行类似,既保持了应有的谨慎,又积极发挥宏观调控的功能:在金贵银贱上海通胀时期采取了紧缩发行的政策,在银价上涨通货紧缩之际则采取增加发行的政策。例如,交通银行发行指数从 1929 年的 277 下降至 1930 年的 225,1931 年进一步下降至 208,1932 年略增至 210,1933 年上升至 234,1934 年大幅度增至 317。这说明,作为第二大商业银行,交通银行的行为模式与中行沪行一致。

第二,市场结构的变动对中央银行及其他银行的行为有显著作

表 5.2 上海各银行纸币发行额统计

年份	合计		中国银行		交通银行		中央银行		其他银行	
	流通额	指数	流通额	指数	流通额	指数	流通额	指数	流通额	指数
1926	9	100	4.6	100	1.8	100	—	—	2.6	100
1927	11.3	125	7	154	1.6	90	—	—	2.6	100
1928	19.8	220	11.2	244	3	162	1.2	100	4.5	174
1929	25.9	289	13.1	287	5.1	277	1.5	131	6.2	241
1930	26.5	295	12.7	278	4.1	225	2.3	194	7.4	287
1931	26.6	296	12.3	270	3.8	208	2.5	212	7.9	309
1932	27.8	310	11.3	246	3.8	210	3.9	335	8.7	340
1933	34.7	386	12.2	266	4.3	234	7	601	11.2	436
1934	41.3	460	13.7	299	5.8	317	8.5	730	13.3	518
1935	63.7	709	17.6	384	8.4	461	17.6	1 505	20.1	781
1936	92.7	1 032	29.3	639	29.5	1 614	33.9	2 902	16.2	630
1937	119.9	1 336	51	1 113	31.4	1 716	37.6	3 213	20.8	809

注：流通额单位为千万元；指数以 1926 年为 100。1937 年数据为 6 月底流通额，其余年份为年底流通额。1935 年前，其他银行包括四行(指民国时期的盐业银行、金城银行、中南银行和大陆银行，四个银行于 1922 年实施联营)、浙江实业银行、中国实业、通商银行、四明银行、垦业银行、中国农工银行、农商银行、中国农民银行，1935 年后其他银行主要是指中国农民银行。

资料来源：《上海各银行纸币发行额》，《经济统计月志》1937 年第 4 卷第 2 期，第 18 页；《全国法币及新辅币之流通额》，《经济统计月志》1937 年第 8 期，第 24 页。

用。总体上看，中央银行与其他银行的货币发行增速明显快于中交两行，但法币改革前后其行为有显著差异。1928 年成立的中央银行货币发行数量总体来说不断增加，但在 1931 年发行增速减缓，仅比上年增长 9.28%；而 1929 年、1930 年同比增速分别高达 31.48%、47.39%。在法币改革后，中央银行上海分行货币发行出现刚性增

长，1935 年同比增速高达 106.3%，1936 年达 92.78%，远高于同期
中国银行货币发行增速。[17]其他银行的情况与中央银行相似，发行货
币流通额总体趋涨，但在通胀时期增速减缓，在通缩时期增速加快；
法币改革后，中国农民银行之外的其他银行货币发行权被取消，其他
银行的货币发行额增长较缓慢。

尽管如此，以中交两行为首的私人发行银行在通货膨胀时期紧
缩发行，从而使上海兑换券供应总量基本稳定在 2.6 亿元左右，在通
货紧缩之际中交两行则带头扩大发行积极抵消银根不足的负面
影响。

结论

本章分析表明，在竞争性货币体系下，中行沪行充当了发行的银
行、商业性银行和银行的银行三重角色。在市场稳定的情况下，中行
沪行根据金融形势对其货币发行及存贷业务进行季节性调整，保持
了总体物价水平的稳定。在白银内流通货膨胀的大萧条时期和白银
外流通货紧缩的"白银风潮"时期，中行沪行采取调控政策，至少部分
地化解了外生冲击给物价及宏观经济带来的负面影响。然而，法币
改革确立了货币垄断发行之地位，破坏了市场竞争对发行银行的约
束，以中行为首的金融机构最终沦为政府财政赤字的融资工具，面对
物价持续上涨，银行体系失去原有的伸缩调整机制。

因此，无论是在经济平稳时期，还是在经济危机时期，竞争性货
币体系均发挥了金融稳定器的功能。特别是在"白银风潮"时期，以

中行沪行为首的自由银行体系通过增加白银存底、兑换券数量和扩大信贷应对白银外流导致的通货紧缩。只是由于银本位制下白银外流量巨大，自由银行体系无法完全对冲白银流失的影响。从这个角度来说，法币改革取消银本位制，使中国经济免受金银比价波动的影响，的确有助于中国经济逐渐走出衰退。但法币改革在取消银本位制的同时取消了竞争性的货币体系，建立了政府垄断发行的体制。法币改革后政府实行增加流动性的政策，虽然使中国经济在短期内恢复增长，但为国民政府统治下的恶性通货膨胀埋下了货币制度的种子（Friedman，1992）。

注释

① 这次改组的真实目的，并不是对处于困境中的工商企业提供贷款或是解决什么比例失衡问题，而是要清除"不听命"的障碍，以便利用两行的财力，任意弥补政府的财政赤字（中国银行行史编辑委员会，1995：379）。

② 城山智子(2010：7)这样评论法币改革的意义："这样，几个世纪以来作为中国通货的白银退出历史舞台，多元货币体系也自此结束"。

③ 截至 1937 年 7 月 25 日中中交农四行（包括广东在内）法币发行总额为 16.45 亿元，其中现金准备占 67.4%，保证准备占 38.1%。在现金准备中，白银（包括香港地区部分及美国部分）折合美元 1.42 亿元，占发行额 28.9%；黄金准备（美国部分）折合美元 6 136 万元，占发行额 12.4%；外汇折合美元 7 383 万元，占发行额 15%，其他现金准备折合美元 5 484 万元，占发行额 11.1%（中国人民银行总行参事

室,1991:857—860)。

④ 当然,1935年4月国民政府通过国债强制增资中交两行,官股比重从改组前的20%上升至50%,国民政府高官宋子文担任中国银行董事长,中行总经理张嘉璈调任中央银行副总裁。这一股权结构的变化可能会影响中国银行的行为。但从发行情况看,增资后的中行在发行上并没有出现立刻扩张,仍然保持稳健的发行政策。同年11月法币改革之后,中行的发行才出现了刚性增长的趋势。因此,股权结构变化并非货币发行刚性增长的根本原因,市场结构从竞争转为垄断才是银行发行行为变化的根源。

⑤ 参见《上海各银行纸币发行额》,《经济统计月志》1937年第4卷第2期,第18页。

⑥ 参见《重要各银行纸币发行额及其准备金数目统计表》,《中外商业金融汇报》1935年第2卷第11期,第32页。

⑦ 自从1857年记账单位开始采用上海九八规元,商业贸易中银元与银两的兑换问题就随之出现。上海九八规元只不过是一记账的虚银两,在实际交易过程中,交易双方收付时则使用的是银元,而在记账时须将实际流通中使用的银元折合成银两,这种银元折合成银两的比价叫做洋厘(邹晓,2006:37)。洋厘行市因废两改元在1933年4月结束。

⑧ "海关两"仅为海关税收的记账单位,并存无实体货币对应,其折算率由双重机制确定:国际条约统一基准与区域性执行差异。1902年《中英续议通商行船条约》等明确规定关税必须以海关两为核算单位,奠定了其法定地位。每海关两虚设为37.749 5克(583.3

英厘)十足纯银,此为全国海关统一的核算基础。各海关根据辖区主流银两制定兑换率。例如,100 海关两兑换 110.4 两上海规元银,100 海关两兑换 105 两 5 钱 5 分天津行化银,100 海关两兑换 108 两 7 钱 5 分汉口洋例银。

⑨ 参见《重要各银行纸币发行额及其准备金数目统计表》,《中外商业金融汇报》1935 年第 2 卷第 11 期,第 32 页。外商银行与华商银行在现银出口方面行为迥异,原因有二:首先,外商银行享有治外法权,国民政府征收白银出口税和平衡税、禁止白银走私出口的种种规定并不适用于外商银行;华商银行则受相关法规的限制。其次,货币发行并非外商银行的主要业务,但对于华商银行来说却至关重要。保持白银存底的稳定是维持币值稳定的一个重要途径,华商银行在权衡出口白银获利与维持币值稳定之间,选择了后者。

⑩ 参见《民国十年以来上海各银行现银存底统计表》,《中外商业金融汇报》1936 年第 3 卷第 12 期,第 30 页。

⑪ 信用放款原文为"定期放款",根据董昕(2009:291)的分析改为"信用放款"。

⑫ 在大萧条时期,中行沪行保持了较稳定的纯收益,1928—1932 年纯收益分别为 67.1 万元、82.9 万元、68.2 万元、71.5 万元、84.9 万元;随后的通货紧缩使其纯收益下降至 1933 年的 27.1 万元,但 1934 年即增至 47.2 万元,这与中行采取发展内地经济的策略不无关系:中行沪行 1934 年利息收入达 453.3 万元,比上年增加了 115 万元,在通货紧缩的背景下这是难能可贵的(中国银行上海国际金融研究所行史编写组,1991:附录二表三)。

⑬ 参见《二十四年上海物价概况》,《上海物价年刊》1935 年第 1 期,第 3 页。

⑭ 参见《上海批发物价指数表》,《上海物价季刊》1932 年第四季,第 24—26 页。

⑮ 参见《上海各银行纸币发行额》,《经济统计月志》1937 年第 4 卷第 2 期,第 18 页。

⑯ 改组后的中国银行股权性质发生变化,官股从五分之一增至二分之一,成为南京国民政府控股的官方银行。中国银行 1936 年年度报告解释法币发行额过度的原因时说:"如此激增,或将视为通货过度增加之明证。但细加分析,大部分实系发行集中之结果。换回市面之白银,收回三行以外之杂钞,兼之去岁农产之丰收,工商业之向荣,法币需要由是益增。"(中国银行总行等,1995:2210)

⑰ 产生这种情况的原因可能有二:第一,中央银行为政府之银行,承担国民政府财政融资的职能;第二,中央银行于 1928 年成立,亟须扩大货币发行额占领市场。

第六章 陕甘宁边区的货币竞争

1941 年 1 月开始,陕甘宁边区以法币为准备金发行边区银行货币(以下简称"边币"),希望以边币取代法币作为边区的流通货币。然而,一方面,边币面临着法币强有力的竞争,即使拥有边区政府的政权力量做保障,边币的发行和流通也不得不遵循市场规则,维持货币价值稳定是边币发行和流通的唯一保障。另一方面,法币在国统区则处于垄断地位,其发行和流通不受边币竞争的威胁,法币发行沦为国民政府弥补财政赤字的工具而刚性超发。本章比较分析边币在竞争环境下和法币在垄断情形下的发行行为,从横向比较的角度分析市场结构对银行发行行为的影响。

边币与法币共存竞争

抗日战争时期,中国存在蒋介石领导的国民政府、日本扶植的汪伪政权及中共领导的抗日根据地政权并存的复杂政治局面,三个政权发行各自的货币并相互竞争。在抗日战争时期,陕甘宁边区是中共中央所在地[①],边区政府在 1937 年 9 月成立后至 1940 年上半年,财政收入主要靠国民政府每月拨给经费 60 多万元法币和一些国际援助款,边区市场流通的是国民政府发行的法币。但国民政府拨给

经费的法币基本是 5 元面额和 10 元面额的主币,辅币只搭配 10%,
造成边区市场流通辅币短缺,交易困难(李实,2003:49)。为解决货
币流通困难,1938 年 6 月边区银行以光华商店的名义发行"光华商店
代价券"(以下简称"光华券")②,作为法币的辅币流通于边区市场。
1937—1940 年间,光华券的发行准备是法币,持券者可兑换等额法
币(星光、张杨,1988:110—111)。

1940 年 11 月 19 日国民政府正式停发八路军军饷;1941 年 1 月
边区政府布告边区停止行使法币,2 月开始发行边币,并试图确立边
币在边区的本位币地位。③边币发行以边区盐税、货物税为保证,并
以运盐外销换取法币作为基金。④为稳定物价,边区银行于 1944 年 7
月正式发行"陕甘宁边区贸易公司商业流通券"(以下简称"流通
券"),规定 1 元流通券等于 15 元边币⑤,并以贸易公司及其所属西
北土产公司、兴华盐业公司、运输公司、南昌公司之全部财产作为基
金。流通券正式发行后即逐步扩大其流通市场,边币只有小部分流
通,边区政府于 1945 年 6 月 1 日起全面回收边币以确立流通券为边
区本位币(李实,2003:117—118)。解放战争时期,流通券在陕甘宁
边区仍然发行流通了一段时间。到 1947 年 11 月,西北农民银行币
在陕甘宁边区发行,流通券才停止发行(李实,2003:129)。

边区政府先后发行了光华券、边币和流通券。陕甘宁边区政府
自 1941 年开始发行边币之始即明令禁止法币流通使用,但法币在相
当长一段时期仍然广泛流通于边区。⑥陕甘宁边区与国统区犬牙交
错,边经济未能实现完全自给,许多重要物资均需从国统区或日占
区收购,盐产或特产亦需销往国统区以获取法币收购物资,且法币作

为有外汇支持的通货仍具有相当币信（星光、张杨，1988：237）。因此，抗日战争时期陕甘宁边区形成了以法币与边币为主的多货币共存竞争的态势。

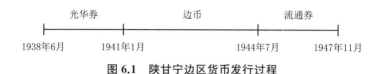

图6.1　陕甘宁边区货币发行过程

抗战时期边区边币与法币共存竞争这一历史案例，为研究哈耶克货币非国家化理论的可行性提供了一个珍贵的自然实验。法币作为国民政府法定货币在国统区处于垄断地位，在边区作为本位币已广泛流通。中共边区政府发行的边币类似于私人银行发行的货币，作为一种新货币在边区与法币竞争市场份额。⑦在全国来说，因为边币的流通范围仅限于边区，法币在国统区的本币地位并不会因边币的竞争而削弱；而边币在边区的本币地位甚至是流通则时刻受到法币竞争的威胁。诚然，边区银行得以发行边币有中共政权做保障，与纯粹的私人发行银行不同。但本章研究的问题实质是，如果一家银行有机会参与发行自己的货币与国家银行发行的货币竞争，这家银行在其发行业务中是否会保持足够的谨慎，而不管这个机会是通过武力还是合法程序获得的。如图6.2所示，边币与法币所处地位不同，考察边区政府与国民政府在货币发行上采取的政策，可以发现哈耶克的货币非国家化"思想实验"的现实基础。

陕甘宁边区货币竞争案例的适用性还在于，在战争背景下边区政府面临巨大财政压力而具有实施通胀的内在动机，同时可以依靠

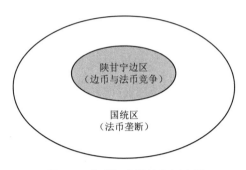

图 6.2　边币与法币地位示意图

政权力量推行边币流通。因此,如果说边区政府在面临法币竞争时表现出六分谨慎的话,那么纯粹的私人发行银行在完全的竞争性货币市场中将表现出十分审慎。换言之,即使本章案例揭示的边区银行谨慎行事的证据较弱,其仍可作为竞争性货币体系可行性的一个较强的证据。

　　接下来我们将考察边币与法币发行政策的区别、边币与法币在边区竞争的情况,以及两种货币在边区展开竞争的情况。研究的重点是,边区银行作为货币市场的新进入者是否有足够的激励及约束保持货币价值稳定,以及国民政府的法币作为垄断者在货币发行政策上的表现如何。

边币的发行

　　在战争的背景下,无论是中共边区政府还是国民政府,都面临着货币价值稳定与财政收支平衡的权衡选择:为弥补日益膨胀的财政赤字,政府有通过增发货币解决财政困难的内在冲动;随着货币发行量扩大,货币价值必然下跌,货币流通范围缩小。尤其是对边币而言,币信下降直接威胁其生存。从1941年2月边区政府正式发行边币至1944年7月边区政府改发流通券,其间边区货币政策大致经历了平稳发行、大量增发、谨慎发行三个阶段。边币发行政策的演变,反映了边区政府在面临法币竞争时采取对策的变化。

平稳发行阶段

作为一种新货币,要在与法币的竞争中站稳脚跟,边币必须保持价值稳定。因此,边区银行在发行之初便确立了边币发行政策的原则:发展生产、稳定金融。尽管相对于光华券的发行而言,边币在正式发行初期经历了一个高速扩张的短暂时期[8],但在朱理治担任边区银行行长期间[9],边币发行总体来说保持平稳态势。1941年上半年边币发行速度较高,逐月递增率为31.8%。边币发行初期高速增长的原因是,边区政府禁止法币流通后市场亟须新货币作为交易媒介,而光华券由于票面额小数量不足,同时皖南事变后边区政府面临财政困境不得不由银行增发货币融资。1941年5月以后,边区金融波动加剧,物价飞速上涨。同年5月和6月物价分别环比上涨30%和26%,边币对法币大幅下跌,且由边远地区向中心区退缩。7月延安亦公开使用法币,边币跌到2元换法币1元,下跌100%(星光、张杨,1988:239)。

边区金融动荡、物价飞涨原因是复杂的,但主要原因是边币发行量在币信尚未确立的情况下却于短时间内快速增加。因此,1941年8月中央财经政治部做出《关于金融贸易的决定》,正式提出紧缩通货以稳定金融。在发行方面,除了为储存食盐出售可在现有发行额外酌发边币,要求银行"坚持不超过现在发行额","银行对各种投资,暂时一律停止","财政厅保证不再向银行透支"(星光、张杨,1988:239)。在紧缩通货指导思想作用下,边币发行速度迅速下降,物价渐趋平稳。1941年下半年,边币发行速度大幅下降,逐月递增率仅为10.7%,1942年上半年逐月递增率进一步降至8.8%,1942年7—9月逐月递增率也仅为8.9%。1941年下半年延安市物价逐月递增率为15.4%,1942年下半年延安市物价逐月递增率降至5.3%。同时,由于紧缩通货、加强边区食盐出口,法币流入增加,边币对法币的比值首先在绥德开始回升,由1941年7月的2.25:1回升到2:1,9月全边区边币对法币的平均比价,由8月的2.187:1回升到2.05:1,10月、11月边币又下跌但较缓和(星光、张杨,1988:245)。

1942年边币发行仍保持稳定态势。1942年1—3月,特产贸易实现政府专营,大批特产可以抵法币;政府重申禁止法币流通的命令,各地成立货币交换所,边币流通范围扩大;国民党区开始限价,大批货物流入边区。因此边币相对稳定,物价也趋于稳定。4—7月,特产与食盐专营遭受破坏,边币与法币比价不断下跌,物价上涨加快,5月时局紧张金融波动加剧。绥德法币兑边币的黑市价格竟达4.5元。在这种情况下,边区银行复行紧缩通货的政策以稳定金融(陕甘宁边区财政经济史编写组、陕西省档案馆,1981:第五编,37)。1942年4月边币发行逐月递增率仅为1.2%,6月、7月仅分别增发

100万元,逐月递增率也仅为2.3%、2.2%。1942年下半年,华中地区伪政权强令法币贬值并以大批法币涌向大后方抢购物资,国民政府为摆脱困境亦以大批法币涌进边区抢购食盐、粮食,并封锁必需品进入边区,边区食盐、土产出口增加换回大批法币。在此背景下,边区政府恪守紧缩通货的发行方针,物价不仅未受到国统区物价飞涨的影响,而且自7月后趋向相对稳定,边区各地法币大跌,边币大量从中心区域流向边远地区,群众纷纷拿法币到交换所兑换边币(星光、张杨,1988:242)。

大量增发阶段

1941年初至1942年9月,边币发行基本恪守紧缩通货的方针以实现边币的稳定,这实质上是边币在法币竞争下的理性选择。1942年下半年边币价值上升流通范围扩大之时,边区银行因缺乏发行准备而陷入被动,不得不动用银行本票以满足市场对边币的需求,使本票贬值,银行信用受损。这一事件导致边区银行行长朱理治被撤职,副行长黄亚光接任(星光、张杨,1988:242)。1942年10月中共中央西北局高级干部会议批评边币过去一年多的发行政策犯了"金融本位主义"和"保守发行论"的错误。毛泽东在《抗日时期的经济问题和财政问题》报告中提出了"发展经济,保障供给"的财经工作方针。[10]为了加强银行服务财政的功能,中共中央西北财经办事处将银行划归财政厅、将光华商店划归物资局管理,确立了银行的三大任务:支持公私经济发展、支持财政预算、执行吞吐发行并调剂货币(李实,

2003:173—174)。由此,边币发行进入大量增发时期,走向了另一个
极端——即财政本位主义。

1942 年 10 月至 12 月 15 日边币增发了 171 300 万元,约等于
前期发行五年累计数的 26 倍。1943 年第一季度边币发行量大增,
1—3 月发行额分别为 3 508 万元、3 322 万元、6 700 万元,逐月递
增 32%、22%、31%(陕甘宁边区财政经济史编写组、陕西省档案
馆,1981:第五编,142)。第一季度大量增发导致金融不稳定,第二
季度边币发行速度(相对于第一季度)有所下降,4—6 月发行额分
别为 2 660 万元、2 220 万元、4 737 万元,逐月递增 11%、8%、
16%(星光、张杨,1988:439—440)。边区物价随货币扩张而上涨,
1943 年 1—4 月延安市边币物价指数增加 10.57%、24.18%、
36.08%、48.72%。第二季度增发速度减缓后物价指数有所下降,
5 月为 15.43%,6 月为 23.47%。1943 年上半年的物价飞涨并未
有效阻止边币的增发速度,在财政本位主义思想指导下,边区银行
通过增发为财政赤字融资。[11] 7—9 月发行额分别为 5 516 万元、
13 580 万元、28 381 万元(星光、张杨,1988:441),物价指数分别为
26.83%、37.97%、67.98%。[12]

边币大量增发,边区不仅物价飞涨,而且边币对法币比价不断下
跌。延安市边法币比价从 1943 年 2 月的 2.1∶1 下跌至 3 月的 2.24∶
1,4 月继续跌至 3.1∶1,9 月边币更跌至 5.5∶1。1943 年 10 月 7 日
中共中央西北局讨论金融政策会议,要求边区银行实施暂停发行、财
政紧缩、抛售土产等政策吸收边币。但在财政本位主义的作用下,上
述紧缩政策并未得到切实执行,10 月银行发行边币 12 700 万元,11

月增加至 48 300 万元,12 月上半月发行 35 100 万元。延安市边币对
法币比价跌至 11 月的 8：1, 12 月又跌至 9：1。在边区的边远地
区,边币价值降幅更大,边币价值跌至正式发行以来的最低值。边币
贬值导致其流通范围缩小,有些地区甚至公开使用法币、银元或以法
币议价。⑬

　　1943 年边区银行发行政策以财政本位主义为指导的实践表明,
在存在法币竞争的约束下,超额的大量发行使边区物价上涨、边币大
幅度贬值、边币流通范围缩小,以致边币的生存亦受到法币的威胁,
边区政府不得不改变边币发行政策。

谨慎发行阶段

　　为了稳定金融物价,1943 年 12 月 17 日中共中央西北局决定:停
止边币发行、推销土产、停发 3 个月单位经费;物资局出售物资的收
入以1/2 支持财政、以 1/2 支持银行;财政厅原计划的 1944 年第一季
度经费 35 000 万元压缩为 15 000 万元,特别费不发(星光、张杨,
1988:445)。1944 年三四月间召开的第二次西北局高级干部会议认
为,财政依赖发行边币支持,把银行变成财政的发行机关是造成金融
物价动荡的主要原因之一。因此,1944 年 5 月 14 日,担任西北财经
办事处副主任的陈云要求"今后银行增加发行必须经过财经办事处
书面批示",并于 6 月 9 日发出《关于陕甘宁边区银行特别放款办法
的决定》,要求特别放款专款专用、定期归还,确立了边区银行的企业
性质及摆脱财政出纳地位,以利于控制货币发行(熊亮华,2005)。边

区货币政策恢复了谨慎发行的原则。

1944年1月边币回笼8 399万元,逐月递增率为－4.8%;2月边币实际发行71 525万元,增加43%;3月边币实际发行14 907万元,增加6.2%;4月发行增速降至0.9%,5月为5.1%。概言之,1944年上半年边币发行1 678 340万元,平均逐月递增率为13%,远低于1943年下半年的30.4%(陕甘宁边区财政经济史编写组、陕西省档案馆,1981:第五编,142—143)。谨慎发行的货币政策使边区物价趋于平稳,延安市1944年上半年物价指数为9.5%,低于1943年下半年的33%(陕甘宁边区财政经济史编写组、陕西省档案馆,1981:第四编,434—436)。为了提高边币价值,1944年1月边区银行取消了法币与边币2.1∶1的死牌价,边币与法币在银行兑换随黑市牌价波动,并在法币价值过高的地区抛出法币以资兑换,使法币市场价格下落、边币价值提高。1944年1月延安市边币与法币牌价从原来的2.1调整至10的市场水平,2月进一步调整至11,3月边币与法币市场价已回落至8,并基本保持稳定,边区银行牌价也逐渐回落至9(星光、张杨,1988:446)。

1943年边币发行过快损害了其信用,银行被迫采取严厉的紧缩政策以稳定物价。为重建边币信用扩大其流通范围,1944年5月西北财经办事处决议发行贸易公司商业流通券以代替边币与法币竞争。流通券的发行吸取了1943年边币过量发行导致币信受损的教训,采取了稳健的发行政策,从1944年7月到1945年8月,边区金融物价没有发生大的波动(星光、张杨,1988:451)。[14]1944年下半年,边币发行逐月递增率平均为10%,1945年1—8月为12.6%,发行速

度远低于 1943 年,与 1941 年下半年、1942 年上半年相仿。相应地,
边区物价水平基本保持稳定。1944 年下半年延安市物价指数为
5.6%,1945 年 1—8 月为 15.3%,远低于 1943 年的水平。流通券的
发行并未带来恐慌,相反使得边币与法币的价格逐渐稳定,而且边币
价值总体趋升。1944 年 6 月边币与法币比价为 8.2∶1,7 月略升至
8∶1,1944 年 9 月至 1945 年 3 月边币与法币比价稳定在 8.5∶1 的
水平,1945 年 4 月升至 8∶1,5—6 月进一步升至 7.7∶1。

概言之,在法币竞争的作用下,边区政府对物价及边币价值的波
动极为敏感,货币政策经历了先谨慎后扩张再紧缩的过程,最后确立
了以保持币值稳定为核心的发行政策。

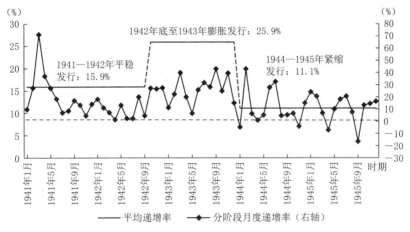

图 6.3 1940 年 11 月至 1945 年 12 月边币发行逐月递增率

注:以 1940 年 12 月为基期,图中三横线及线上数字表示三阶段月度平均递
增率水平。

资料来源:陕甘宁边区财政经济史编写组、陕西省档案馆(1981:135、142—
144)。

法币的发行

1935 年 11 月国民政府实行法币改革,确立了法币的垄断地位。如图 6.4 所示,从 1935 年 11 月正式发行至抗战结束,法币发行经历了三个阶段。1935 年 11 月法币正式发行至全面抗战初期,法币政策实行汇兑本位制,"无限制买卖外汇"在一定程度上限制了法币过度膨胀。1938 年 3 月至 1941 年底太平洋战争爆发,法币实行外汇管制政策,并采取一系列措施逐步取消法币发行限制。1942 年初至 1945 年 8 月,法币发行的外汇储备约束名存实亡,中央银行垄断法币发行,国民政府走上恶性通货膨胀之路。抗日战争全面爆发后,尽管法币面临日伪货币的竞争,但法币与日伪货币的竞争主要在外汇市场,而非流通市场领域,法币在国统区仍然保持垄断地位。尤其是 1942 年中央银行垄断货币发行后,法币发行刚性增加,国统区物价飞涨。

图 6.4　法币发行过程

自由购售外汇阶段

第一阶段从 1935 年 11 月 4 日法币正式发行至 1938 年 3 月 12 日,法币实行"外汇无限制之购售"的汇兑本位制(中国人民银行总行参事室,1991:179)。法币政策实行之初,国民政府将外汇买卖集中于中央银行、中国银行和交通银行,由这三家银行按照法定的汇价无限制买卖外汇,以稳定法币的对外币值。国民政府先后以收兑的白银运往英国和美国出售换取英镑和美元外汇,分别存放于英国银行和美国银行作为法币发行的外汇准备,并保持法币 1 元等于英镑 1 先令 2 便士半、法币 100 元等于美元 30 元的汇价。据统计,抗日战争以前存在英国伦敦的法币准备金为 2 500 万英镑,存在美国的约有 12 000 万美元,两项合计约折合法币 8 亿元(马俊起,1995:79)。[15]

在第一阶段,法币发行由于受到"外汇无限制之购售"的约束,法币发行增速并不明显,总体物价保持稳定。1935 年 12 月法币发行额为8.58 亿元,1937 年 1 月法币发行累计额增加至 13.1 亿元,1938 年 2 月法币发行累计额增至 17 亿元。1937 年 1 月至 1938 年 2 月,法币发行月均递增率仅为 2.2%。由于法币发行不得不考虑对外币值的影响,法币发行采取了较审慎的政策,法币外汇价格基本保持稳定。以 1936 年 12 月外汇比价为 100,1937 年 6 月降至 98.04,1937 年 9 月为 97.87,这一比价维持至 1938 年 2 月。同时,全国物价指数在这一时期也大体保持平稳,以 1937 年上半年全国零售价格指数为 100,1937 年 7 月为 103,1938 年 2 月增至 118,每月平均递增 2%(陆民仁,1983:710—714)。[16]

实际上,从 1927 年开始国民政府一直面临巨额财政赤字。1935—1937 年国民政府财政赤字分别为 8.23 亿元、6 亿元、15.3 亿元,分别占实际支出总额的 61.6%、31.7%、73.3%。但这一时期,国民政府主要是通过发行债券而非扩张银行信用的方式来弥补财政赤字。例如，1935 年国民政府债款收入 8.15 亿元，相当于财政赤字的 99%；1936 年债款收入 6.78 亿元，相当于财政赤字的 113.1%。抗日战争全面爆发后债券发行难度增加，1937 年债款收入急剧下降至 2.56 亿元，仅相当于财政赤字的 16.7%；国民政府遂以"银行垫款"方式弥补财政赤字，1937 年银行垫款 12.81 亿元，占财政赤字的 93.6%，债款收入和银行垫款合计占 100.3%（杨荫溥，1985：43、45）。

外汇买卖管制阶段

第二阶段从 1938 年 3 月至 1941 年底，国民政府逐渐取消法币发行的限制。在第一阶段，法币发行因采取谨慎政策并未造成严重的通货膨胀，比较充裕的外汇准备使无限制按规定汇价买卖政策得以实行。抗日战争全面爆发后，一方面，国民政府为解决财政困境，在内债发行难以推行的情况下依靠增加货币发行维持财政经济[17]；另一方面，日伪当局利用掠夺来的法币换取国民政府的外汇资源，造成外汇供不应求，无限制买卖外汇政策难以维持。1938 年 3 月 12 日，国民政府公布"外汇请核办法"和"购买外汇请核规则"，放弃了自由买卖外汇政策转而实行外汇管制政策，为实施通货膨胀政策进一步扫清了障碍。

法币改革实施之初规定以中央银行、中国银行和交通银行三行所发行之钞票为法币，取消中南银行等 17 家银行的货币发行权，1936 年 1 月 24 日又重新赋予中国农民银行法币发行权。[18]因此，中中交农四行具有相对独立的法币发行权力，中央银行不能对其他二行发号施令。1939 年 10 月 1 日正式成立中央银行、中国银行、交通银行、中国农民银行四行联合办事处,简称"四联总处"⑲,以强化政府对其他三行尤其是中国银行货币发行的控制(洪薛管,2005:12—13)。如图 6.5 所示,从 1939 年起,蒋介石以手谕的方式命令四行为财政支出垫款,四行货币发行现金准备率迅速下降。1938 年第一季度至 1939 年第一季度,四行货币发行的现金准备率平均为 65%;1939 年第二季度四行货币发行现金准备率即迅速下降至 55%,1940 年第三季度降至 34.5%,1941 年第四季度为 42%(中国人民银行总行参事室,1991:863)。

在第二阶段,国民政府财政赤字不断扩大,银行垫款规模甚至远远超过财政赤字。1938 年国民政府财政赤字 8.72 亿元,银行垫款

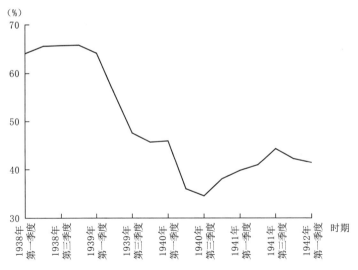

图 6.5　国民政府四行货币发行准备金率(1938—1942 年季度数据)

资料来源:中国人民银行总行参事室(1991:863)。

29.43 亿元；1939 年财政赤字 20.82 亿元，银行垫款 54.69 亿元；1940
年财政赤字 39.71 亿元，银行垫款 96.69 亿元；1941 年财政赤字
88.19 亿元，银行垫款 167.03 亿元。银行垫款实质是法币增发，法币
发行累计额从 1938 年 3 月的 16.8 亿元增加至 1941 年 12 月的 78.6
亿元，逐月平均递增为 5.1%，远高于第一阶段的 2.2%（吴岗，1958：
92—97）。大规模的法币发行加速了国统区的通货膨胀。从 1938 年
3 月至 1941 年 11 月，全国零售物价总指数从 120 增至 2 147，每月平
均递增6.6%（陆民仁，1983：710—714）。

法币发行汇兑限制取消阶段

第三阶段从 1942 年至 1945 年 8 月抗日战争结束。1941 年底太
平洋战争爆发后，日本侵略军不仅占领了作为当时中国外汇交易中
心的上海和香港，而且占领了大部分的中国国土，切断了几乎所有的
中国对外贸易的海陆通道。国民政府仍将法币外汇牌价定为 1 美元
合 20 元法币，外汇黑市盛行（马俊起，1995：81）。因此，法币外汇管
制政策名存实亡，法币发行在外汇兑换上的限制被彻底消除，国民政
府变本加厉地通过增加法币发行弥补日益庞大的财政赤字。

1942 年 3 月 22 日蒋介石加强对中央银行、中国银行、交通银行、
中国农民银行四行的统治，并提出七点饬令，特别注重限制四行发行
钞券，改由中央银行统一发行（中国人民银行总行参事室，1991：
329）。从 1942 年 7 月起，法币集中由中央银行一家发行，三行将一
部分发行库存移为业务库存，三行发行准备金分 5 年于每届年底平

均摊交五分之一(中国人民银行总行参事室,1991:331、348)。在法币统一发行之前,中央银行法币发行的速度远快于其他三行,其市场份额也逐渐扩大。如图6.6所示,各行以其1937年6月法币发行数为100,至法币统一发行前的1942年3月,四行发行指数分别增至1 909.4、986.4、926.8、1 157.9,中央银行发行指数是其他三行的近两倍,交通银行法币发行增速最慢,中国银行次之,中国农民银行增发速度仅次于中央银行。如图6.7所示,由于中央银行法币发行速度快于其他三行,其市场份额从1937年6月的26.71%增至1942年3月的40.93%,1941年3月中央银行法币发行份额曾达到53.08%的最高水平。其中,中国银行和交通银行法币发行份额逐渐下降,中国农民银行发行份额先下降后小幅上升。[20]因此,由中央银行统一发行法币,名义上是限制其他三行的货币发行,实际上是强化了中央银

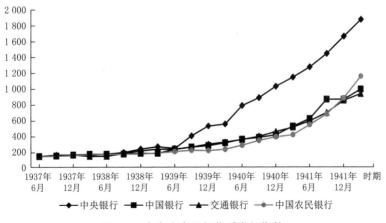

图6.6 中中交农四行货币发行指数

注:以1937年6月为100。
资料来源:中国人民银行总行参事室(1991:293)。

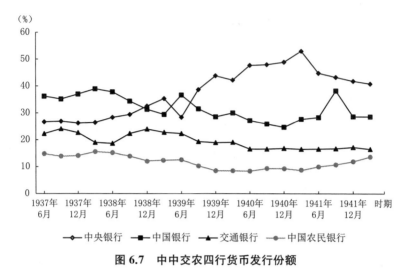

图 6.7　中中交农四行货币发行份额

资料来源：中国人民银行总行参事室（1991：293）。

行货币发行的垄断地位。法币发行不但未有所抑制，反而进一步陷入了"通胀—赤字—增发—通胀"的恶性循环。

从 1942 年 1 月至 1945 年 7 月，法币发行累计额从 160 亿元增至 4 623 亿元，平均每月递增 6%。法币发行由最初的十足准备率逐年递减到 1940 年的 64.63%，1941 年降为 44.9%，1942 年降至 20.1%，至 1945 年法币发行准备金比例仅为 0.66%。[21] 可见，1942 年后法币准备金明显缺乏，法币发行如脱缰之马急剧增加。全国零售物价指数从 2 460 增至 261 913，平均每月递增 12%，为第一阶段每月递增率的 6 倍、第二阶段每月递增率的 2 倍。高速的通货膨胀又进一步恶化了国民政府的财政状况，财政赤字加速扩大。1941 年国民政府财政赤字为 88.19 亿元，1942 年增加至 192.42 亿元，1945 年财政赤字规模扩大到 10 650.24 亿元。国民政府巨额的财政赤字"倒逼"中央银行不断增加银行垫款,银行垫款数从 1941 年的 167.03 亿元增加至 1945 年的 12 641.46 亿元(杨荫溥,1985:102;中国人民银行总行参事室,1991:365),银行垫款额甚至远超过财政赤字规模。蒋介石希望由中央银行统一发行法币以抑制通货膨胀的计划不但未能实现,而且中央银行垄断法币发行使增发更加便利,通货膨胀更趋严重。

总之,1935 年 11 月法币改革,中国货币制度从竞争性发行逐步过渡到中央银行垄断发行。如图 6.8 所示,法币发行经历了自由购售外汇、外汇买卖管制、法币发行汇兑限制取消三个阶段,法币发行规模随着准备金制度的取消而快速增加。

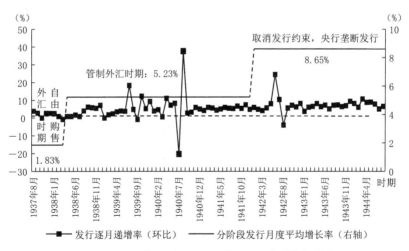

图 6.8 1940 年 11 月至 1945 年 12 月法币发行增速

注:以 1940 年 12 月为基期。
资料来源:吴岗(1958:92—97)。

竞争与垄断:边币与法币发行政策比较

如上所述,在战争背景下,中共陕甘宁边区政府和蒋介石国民政府都面临严峻的财政赤字。由于边币在边区货币市场遭到法币强有力的竞争,法币在国统区的垄断地位不断强化,因此边币和法币的发行政策有显著区别。总体来说,边币为争夺市场采取谨慎发行政策,保持币值稳定的政策取向战胜了以发行货币满足财政需要的强烈动机;法币发行则被日益膨胀的财政赤字所俘获,国民政府主观上有限制发行之意愿,却行扩张发行之实。

竞争下的边币发行

边币面临法币竞争,当边币遭遇货币贬值、物价上升时,边区民众甚至机关单位纷纷抛售边币,以致边币流通范围收缩、法币流通范围扩大。因此,边区政府难以将增发货币作为弥补财政赤字的常规性渠道,而不得不通过生产自给、加强发行银行独立性、平衡贸易、削减财政支出、回笼货币等政策保持边币价值稳定。

1. 生产自给

陕甘宁边区总人口为 130 万—159 万人,脱离生产人员数目占总人口的 8% 左右(陕甘宁边区财政经济史编写组、陕西省档案馆,1981:第八编,3);加上边区贸易经常遭受封锁,边区政府面临的财政压力甚至比国民政府更加严重。在 1941 年 2 月正式发行边币前,边区政府只能发行少量的光华券作为法币的辅币使用,边区政府财政开支主要依靠国民政府的发饷。[22]因此,边区政府面临硬预算约束。在独立发行边币后,尽管边区政府拥有货币发行权,但由于边币面临法币的竞争,边区政府不得不通过发展生产的方式保障供给,减轻财政压力。1939年初,陕甘宁边区政府第一届参议会即通过边区部队、机关、学校参加生产的决议,提出开垦耕地、发展畜牧、发展手工业和近代工业、发展公营企业、发展生产和消费合作事业等,开始了边区兵农工商结合的生产运动。[23]如图6.9所示,在脱离生产人员不断增加的情况下,1942—1945年边区政府财政收入自给率从43%增加至61%,边区人民公粮负担逐渐降低。其中,一个著名的例子是王震领导的三五九旅开垦南泥湾进行生产自给运动,发展农业、畜牧业、小手工业、运输和商业;1942年该旅全年开支9 739万元,由政府供给部分仅占31.35%,生产自给部分占68.65%(陕甘宁边区财政经

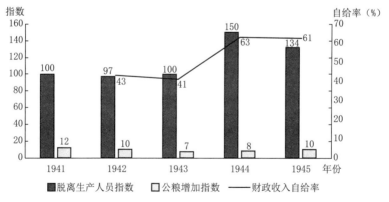

图6.9 边区政府生产自给运动成效

资料来源:陕甘宁边区财政经济史编写组、陕西省档案馆(1981:第八编,715—716)。

济史编写组、陕西省档案馆,1981:第八编,168)。陕甘宁边区的生产
运动,是在财政硬预算约束下边区政府不得不采取的策略,既减轻了
边区人民的负担,又为边区政府摆脱依赖货币发行解决财政困难提
供了条件。

2.加强边区银行独立性

边区政府发行边币的目的是"发展经济,保证供给"。在发行之
初,边区政府即将"平衡贸易,稳定边币"作为货币政策的基本原则,
在 1941—1942 年间采取谨慎发行的政策。在 1942 年下半年法币贬
值、边币流通范围扩大之际,边区银行谨慎发行的政策被批判为"金
融本位主义"或"保守发行论",将边区银行划归财政厅,光华商店划
归物资局管理。边币发行自 1942 年 10 月至 1943 年底走向了大量
增发之路,导致边区物价飞涨,边币大幅度贬值,流通市场萎缩,甚至
边币的生存亦受到法币竞争的威胁。中共西北局于 1943 年底不得
不采取一系列紧缩措施稳定边币,将边区银行脱离财政厅重新划归
西北财经办事处管理,以增强边区银行货币政策的独立性。从今天
的眼光来看,边区银行的独立性可能还比不上现代中央银行。但我
们看到的是,在竞争性货币体系下,亟须财政融资的边区政府为稳定
货币做出了加强银行独立性的决策。

诚然,边区政府在战争条件下也借助于银行垫款以解决财政困
难,但与国民政府完全依赖银行垫款弥补财政赤字不同(见表 6.1)。
首先,边区财政借款从比例上看并非刚性增长,在过度发行的 1943
年达到最高值 78%,1944 年紧缩发行后即迅速降至 22.3%,1945
年甚至降至0.4%。其次,边区政府财政借款中有相当比例是用于支

表 6.1　边区放款统计表

	1941 年		1942 年		1943 年		1944 年		1945 年	
	金额（万元）	比例（%）	金额（万元）	比例（%）	金额（万元）	比例（%）	金额（万元）	比例（%）	金额（万元）	比例（%）
农业贷款	—	—	500	8.6	11 978	8	—	—	3 459	23.7
经济建设	215	8.9	505	8.7	1 029	0.7	67 313	40.7	2 845	2
财政借款	**1 021**	**41.3**	**1 353**	**23.4**	**116 571**	**78**	**37 246**	**22.3**	**547**	**0.4**
贸易透支	1 033	41.7	3 289	56.5	1 272	8.5	62 680	37.5	83 801	57.6
机关生产	206	8.1	168	2.8	7 161	4.8	—	—	23 747	16.3
合计	2 475	100	5 815	100	149 450	100	167 239	100	145 319	100

注:经济建设包括工业、手工业、合作业、运输业;放款数是实际放出数;1944 年农业贷款是政府发放,未经银行经营,未统计在内。

资料来源:陕甘宁边区财政经济史编写组、陕西省档案馆(1981:第五编,395)。

持政府机关开展生产自给运动的,因此具有生产建设贷款性质。例如,根据边区银行业务处信用调查科 1941 年 10 月的调查结果,各借款机关一般的支出每月约差三分之一的数字,此差额则系从生产事业中的盈余添补,结果得到平衡,此种生产事业即系银行放款支持的(陕甘宁边区财政经济史编写组、陕西省档案馆,1981:第五编,393)。因此,边区财政借款并非纯粹地弥补财政亏空,而是具有发展生产经济建设的意义。

3. 平衡贸易

边区政府为保持边币稳定,除开展生产自给运动外,还努力通过平衡贸易,尤其是发展特产经营来调节边币与法币的兑换比例。1942 年之前,边区对外贸易处于完全自流、分散经营状态。皖南事变后,边区贸易局重新成立,开始实行计划贸易以求平衡贸易、稳定金融（陕甘宁边区财政经济史编写组、陕西省档案馆，1981：第四编，62—63）。边区平衡贸易的主要措施是实施特产专卖、食盐统销以增加输出，同时限制非必需品，禁止消耗品进口以减少输入（陕甘宁边区财政经济史编写组、陕西省档案馆，1981：第四编，90—91）。在物价不稳的情况下，边区政府通过扩大特产对外销售来吸收法币换购物资，增加边区法币及商品供应，有效地平抑了边币贬值，稳定了金融。例如，1941 年 8 月 15 日至 11 月 30 日，边区特产推销合计9 260.5 斤，合计 14 817.249 万元，其中吸收法币 60%，换回物资 40%（陕甘宁边区财政经济史编写组、陕西省档案馆，1981：第四编，94—95）。1942 年实行特产专卖，特产收入 1 396.23 万元，占当年财政收入的 40%，财政支出的 58.2%，以致 1942 年财政收支盈余 1 087.33万元（陕甘宁边区财政经济史编写组、陕西省档案馆，1981：第六编，59—60）。

4. 削减财政支出

1942 年边区银行将"调剂金融，稳定物价"作为基本任务，实施紧缩通货提高边币信用的政策。边区银行的独立性使边区财政无法常规性地依赖银行发行。[24]具体办法包括，业务处收缩边币，商业处光华商店交回边币，停止买进一般货物，暂停各种放款，催收新定资金及透支额以外之余款，催收到期欠款，催收商业税及公盐代金等（陕甘宁边区财政经济史编写组、陕西省档案馆，1981：第五编，106—107）。财政紧缩以致财政厅 1942 年上半年不得不卖出两千石粮食周转（陕甘宁边区财政经济史编写组、陕西省档案馆，1981：第六编，62）。经历了 1943 年的通胀后，边区政府采取"厉行节约"的基本方针,经费只发一半。实行三个月后,大部分机关单位都节省了开支,减少了浪费。1944年上半年财政开支减少很多,比如"衣服只发单衣60%,伙食发52%,办公费发49%",各分区的补助费停发,半年来"节约二十万万元"(陕甘宁边区财政经济史编写组、陕西省档案馆,1981:第六编,81)。

5. 回笼货币

在经历了1943年的通胀之后,边区政府对依赖银行发行弥补财政亏空所产生的危险有了充分的认识,以致1948年西北财经办事处在总结抗战以来陕甘宁边区财政工作时,谈到边区财政入不敷出的困境时,仍清醒地认识到解决财政困难"靠印钞机更加危险"(陕甘宁边区财政经济史编写组、陕西省档案馆,1981:第六编,19)。值得指出的是,如图6.10和图6.11所示,边区政府在财政极端困难的情况下,在1944—1945年实施紧缩货币政策,在1944年4月回笼边币6 000万元,11月停止增发边币;1945年4月、10月停止增发边币,9月回笼货币6 500万元,以使边币价值回升。如图6.10所示,边币发行曾经在1944年1月和11月、1945年4月和9月出现负增长,增长率分别为−4.8%、−4.2%、−7.2%、−16.6%(陕甘宁边区财政经济史编写组、陕西省档案馆,1981:第五编,143)。

此外,边区政府相机抛售法币以提高边币价值。例如,中共边区银行在1944年1月11日下令陇东分行提取法币300万元投向庆阳和西华池的兑换黑市,2月8日三边分行由陇东分行提取法币300万元,照黑市价格抛向市场,从2月8日至3月15日,边区银行共调剂5 070万元法币给各分行及交换所,使法币价格回落。至1944年3月

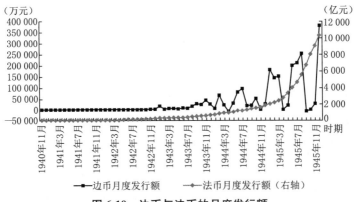

图 6.10　边币与法币的月度发行额

注:1941 年 3 月开始发行边币,1941 年 3 月之前为光华券折合成边币的数量。1944 年 7 月以后边币发行额为按 1 流通券 = 20 边币的折合数。

资料来源:陕甘宁边区财政经济史编写组、陕西省档案馆(1981:第五编,135);吴岗(1958:92—97)。

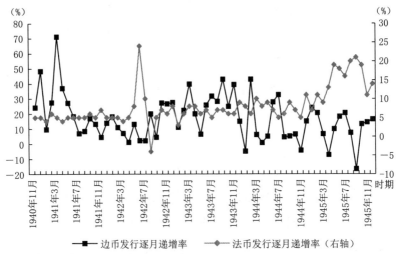

图 6.11　边法币发行逐月递增率

资料来源:陕甘宁边区财政经济史编写组、陕西省档案馆(1981:第五编,135);吴岗(1958:92—97)。

上旬,边区州委地区的法币币值下跌45%,而边币比价上升约三分之一(林美莉,1996:355—356)。1944年边区政府用盐及其他土产换回金子、法币、物资交给银行,已逐渐把银行家务[25]建立起来,其准备金达其总发行量的90%以上(陕甘宁边区财政经济史编写组、陕西省档案馆,1981:第六编,36),表明边币发行准备充足。

垄断下的法币发行

法币发行初期的自由购售外汇制对法币发行施加了较为有效的限制,法币发行速度和通货膨胀速度并未过快。然而,财政赤字和外汇短缺的双重压力导致国民政府于1938年3月取消外汇自由交易,代之以外汇买卖管制政策,法币发行的外汇约束放松。1939年4月正式成立的四联总处加强了政府对银行货币发行的操控,法币发行速度明显加快,通货膨胀和财政赤字加剧。太平洋战争爆发后,政府规定的外汇牌价严重偏离自由市场价格,法币发行的外汇约束彻底取消,1942年7月起由中央银行独家垄断发行法币,进一步赋予中央银行发行的自由裁量权,法币因发行高度膨胀而不断加速贬值。

诚然,抗战时期国民政府并非对日益严重的通货膨胀熟视无睹,而是采取了一系列的财政与货币政策以抑制通货膨胀的恶化。例如,在财政政策上,增添了财产租赁和出售税、遗产税、过分利得税等,通过田赋征实和粮食征借来减少政府货币支出;在货币政策上,通过对私方信贷实施管制、管制利率、力图增加银行储蓄业务、向人民推销公债、出售黄金来抵消预算赤字所增加的社会购买力(张公权,1986:153—165）。然而,正如张公权评论的那样,"珍珠港事件爆发后,中国的国民经济总供给和总需求失却平衡,蒋介石亲自负责施行反通货膨胀政策,但一事无成。盖造成通货膨胀的主要原因不消除,政府所不断采用的各种管制措施,不但不能阻止物价上涨,反而暴露了政府机构应付这种危机的无能。"（张公权,1986:153）

张公权所谓的"造成通货膨胀的主要原因",实质指国民政府为弥补日益扩大的财政赤字而不断增发货币。具有讽刺意味的是,蒋介石作为反通货膨胀政策的总负责人,却恰恰是造成通货膨胀的罪魁祸首。如上所述,在抗战时期,蒋介石经常下手令决定法币的增发数额,及法币在各战区间如何调拨配发事宜,财政部和发行法币的中中交农四联总处则遵令办理,使法币的供应直接服务于军事需要。[26]如表 6.2 所示,抗战时期国民政府财政赤字严重,银行垫款成为弥补财政赤字的一种常规性制度安排,加上钞票增发额,法币增发远远超过财政赤字,以致法币发行刚性地加速度增长。

表 6.2　战时国民政府赤字财政（百万元法币）

年　份	财政赤字	银行对政府垫款	钞票增发额
1939	2 057	2 310	1 982
1940	3 963	3 834	3 550
1941	8 693	9 443	7 266
1942	18 881	20 081	19 227
1943	38 413	40 857	41 019
1944	133 186	140 090	114 082
1945	1 106 696	1 043 257	542 471

资料来源:张公权（1986:95）。

法币的垄断地位导致国民政府财政金融决策层也出现了异想天开的主张。1937 年,国民政府中央银行业务局总经理席德懋与中央信托局局长孔令侃㉗讨论法币发行政策时谈道:"发行不兑外汇之货币,造成两种不同之币制,冲击法币信用及外汇甚大,势必崩溃钧座法币政策,不若空发法币五万万至十万万,只要保守绝端秘密对外否认,渠深信前途一切,当全无动摇。"(洪薛管,2005:382—383)。1938 年 12 月 9 日,宋子文致孔祥熙函称:"自法币制度实施以来,各行向系严守法定准备成分,信用基础赖以确立,唯是(1938 年)三月十二日实行审核外汇办法后,各行发行之增加,已为事实上所不能避免。"并建议法币增加发行之数"另行记账,此项发行额之准备,暂以政府发行之金公债抵充,将来即以售得之外汇拨充现金准备"。以政府发行之金公债作为法币发行准备,大大降低了法币发行的现金准备,此做法实际上是空发法币并试图欺骗公众。1939 年 3 月宋子文这一建议得到中央银行常务理事会议同意实行(洪薛管,2005:591)。如表 6.3 所示,中中交农四行货币

表 6.3　中中交农四行正户与另户货币发行额

时　　期	四行发行总额(元)	正户(元)	另户(元)	另户比重(%)
1939 年 6 月	2 968 305 500	2 626 929 300	341 376 200	11.50
1939 年 12 月	4 286 636 205	3 081 787 295	1 204 848 910	28.11
1940 年 6 月	6 062 609 515	3 962 144 205	2 100 465 310	34.65
1940 年 12 月	7 934 673 623	5 460 728 623	2 473 945 000	31.18
1941 年 6 月	10 751 484 183	8 010 713 968	2 740 770 215	25.49
1941 年 12 月	15 233 871 828	11 628 240 243	3 605 631 585	23.67

资料来源:中国人民银行总行参事室编(1991:863)。

发行额半年增发比率平均达到 37.5%,其中另户发行额占发行总额的比重,最低达到 11.5%,最高达到 34.6%。这种掩耳盗铃的做法,是法币通胀的根本原因。

边币与法币竞争的效果

综上所述,由于边币与法币在市场中所处的地位不同,所以边区政府与国民政府在货币发行及财政预算方面存在显著差异。法币在国统区处于垄断地位,在边币正式发行之前法币在边区也是作为本位币而存在;相反,尽管有中共政权做后盾,边币要在边区确立本位币地位,仅仅依靠边区政府的一纸法令是无效的②,边币只有在与法币的竞争中体现出其价值稳定的优势,才能逐渐被边区商民所接受。

1. 政策比较

表 6.4 总结了边币与法币竞争的结果差异。为了逐渐提高并保持边币价值,边区政府加强了银行的独立性,避免银行发行陷入服务财政的陷阱。因此,相对而言,边区政府财政面临硬预算约束,不得不通过生产自给和缩减开支来减轻财政负担。在边币发行上,边区银行采取谨慎发行的政策,尤其是 1942 年的谨慎发行和 1944—1945 年的“大吞小吐”政策,调节货币发行数量维持边币币值。反之,尽管蒋介石本人也意识到通货膨胀的严重性,但法币垄断发行的地位使其难以摆脱银行发行服务财政需要的厄运。犹如吸毒者明知鸦片有害而难以抗拒一样,国民政府惯性地依赖增发货币来弥补其日益扩大的财政赤字,法币发行陷入“增发—通胀—赤字—增发”的恶性循环。

表 6.4　边法币市场竞争结果

项　目	边　币	法　币
市场地位	竞争	垄断
银行财政关系	银行相对独立	银行服务财政
财政预算	硬预算约束,依靠生产自给	软预算约束,依赖货币增发
发行政策	谨慎发行,吞吐调剂	膨胀发行,刚性增长
市场选择结果	边币在边区逐渐推广	法币在边区流通范围缩小

关于货币价值稳定的重要性,1944 年 8 月边区银行顾问丁冬放在讨论流通券发行时表示,流通券给群众的观感最大的可能是纸币继续膨胀,假使坚决贯彻高干会后稳健发行政策,则这种观感经一定的时间后会去掉;如发行稍一放手,则群众的观感对边币的信用是不利的。因此,丁冬放主张边区货币政策应该加强坚持节约,坚持财政紧缩,并在发行中照顾到慢吞慢吐的方针,这是当时金融政策的基本方针(陕甘宁边区财政经济史编写组、陕西省档案馆,1981:第五编,147)。相反,国民政府中那些深谙现代银行运作的官员(如席德懋、宋子文),则寄望于秘密增发法币而不影响物价。国民政府这种掩耳盗铃的做法与边区银行对边币价值的高度敏感形成鲜明对比,这与其说是理论认知问题,不如说是边币和法币所处地位的差异所致。

2. 流通范围

关于边币在边区流通范围的变化并没有完整的统计数据,我们无法通过直接观察边币流通范围的伸缩,来印证边币作为市场新进入者所取得的市场地位。根据边区银行 1943 年上半年发行的工作报告,"边币流通范围与比价关系,常表现三种状态,比价下

跌时缩,比价稳定时推广,比价上升时推广"(陕甘宁边区财政经济
史编写组、陕西省档案馆,1981:第五编,262)。因此,边币与法币
的比值变化可以大致反映边币在边区流通范围的伸缩。如图 6.12
所示,边币在发行初期对法币价值从 1941 年 1 月的 1∶1 下跌至
12 月的 2.49∶1,5 月发生了金融波动,关中、陇东、三边等地都拒
用边币,边币逐渐向延安中心区域退回(陕甘宁边区财政经济史编
写组、陕西省档案馆,1981:第五编,127)。1942 年边币对法币价
值上升,从 1942 年 7 月的 3.25∶1 升至 10 月的 2.1∶1,边币则大
量从中心区域流向边远地区(陕甘宁边区财政经济史编写组、陕西
省档案馆,1981:第五编,133)。1943 年边币对法币大幅度贬值,
边币流通范围大幅度收缩。

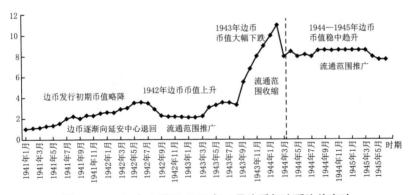

图 6.12　1941 年 1 月至 1945 年 6 月边币与法币比价变动

注:1944 年 1 月至 1944 年 5 月比价为延安市边币与法币市场比价,1944 年 6
月至 1945 年 6 月比价为根据庆阳和西安黄金对边币与法币比价计算的实际比
价。因此,两阶段的比价不完全可比,但可以大致反映边币与法币币值变动趋势。
　　资料来源:陕甘宁边区财政经济史编写组、陕西省档案馆(1981:第五编,
112、282)。

如表 6.5 所示,根据 1943 年 12 月绥德分区党政军考察团调查,边币在螅镇、木头峪、峪口、谭家坪等处和通镇、佳县、木头峪一带市场份额较低,仅为 5%;在义合市场份额较高,达 30%;在石岔、李家畔和枣林坪、界首、河口一带市场份额为 25%;在吉镇市场份额为 15%。可见,边币在绥德分区市场份额平均为 18%,法币市场份额占一半以上,银元占近四分之一。既然 1943 年边币对法币贬值最为严重,上述统计数据应为边币在边区流通范围的最小值,即在边币表现最为糟糕的时候,边币占边区货币市场近五分之一。[29] 1944—1945 年边币紧缩对法币价值上升,1945 年 3 月沿途骡马店由要法币而转为要边币,若实无边币而用法币时,店内即贬低法币价格收受(以边币 6 元折法币 1 元),有些商店小贩售货也转为收边币(陕甘宁边区财政经济史编写组、陕西省档案馆,1981:第五编,148—149),边币流通范围扩大。另据三边分行 1944 年底统计,边币使用人数由前两年的 5 万人发展到了 12 万人。根据三个区[30] 的调查,边币流通量增加了 2.5 倍(吴殿尧、宋霖,2007:376)。

表 6.5　1943 年 12 月边区绥德分区货币市场份额情况(%)

地　　区	法币	银元	边币
螅镇、木头峪、峪口、谭家坪等处	70	20	5
通镇、佳县、木头峪一带	60	35	5
吉镇	70	15	15
义合	60	10	30
石岔、李家畔	35	30	25
枣林坪、界首、河口一带	40	35	25
平均	56	24	18

资料来源:李实(2003:107)。

概言之,边币作为一种新货币在与法币竞争过程中逐步扩大其流通范围,尽管 1943 年因贬值而有所收缩,但仍占据了边区五分之一的流通市场,1944 年后边区银行采取的紧缩政策使边币流通范围进一步扩大。

3. 物价变动

前述研究表明,边币作为竞争者受到了谨慎发行保持币值稳定的有效约束。但由于当时境况的特殊性,边区物价甚至比国统区物价波动更为严重。[31] 这是否意味着边币作为竞争者在保持物价稳定方面是失败的呢? 边区物资局 1944 年 3 月在《今后贸易管理问题意见》中论述道,边区所需主要物资靠外面供给大部分,金融上还未曾脱离法币,在贸易、金融未完全取得独立自主的情形下,边区金融物价升涨高于顽区[32] 是不可避免的(陕甘宁边区财政经济史编写组、陕西省档案馆,1981:第五编,174)。因此,考虑到边区经济结构单一、主要物资需从国统区进口并频繁遭受经济封锁、战争等因素,总和的物价指数掩盖了边币在维持物价稳定方面的努力。如图 6.13 所示,边区自产品小米的价格上涨速度远低于土布、棉花等外产品,外产品价格的上涨拉高了边区总体的物价水平。

实际上,如果仅考察边区土产品的价格波动,边币在保持物价稳定方面的确做出了有效的努力。例如,1943 年底与 1944 年 5 月比较,延安市麦子维持一大斗(折合为 30 斤)3 500 元边币价格不变;小米价格从 2 500 元略降至 2 200 元,1944 年 7 月为 2 400 元;猪肉大称一斤价格则维持在 700 元水平上。但外来品涨了 60%,甚至 100%。边区银行行长黄亚光解释边区土产品价格不涨的原因,是边区生产

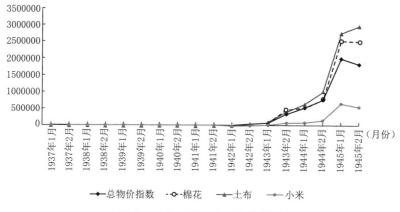

图 6.13　边区不同商品物价指数

注:1937 年上半年 = 100。

资料来源:陕甘宁边区财政经济史编写组、陕西省档案馆(1981:第四编,
434—440)。

继续发展,能供给上,要多少有多少;外来品价格上涨是因为封锁,供
给不上(陕甘宁边区财政经济史编写组、陕西省档案馆,1981:第五
编,115)。然而,生产增长并非物价稳定的充分条件。例如,1943 年
是边区生产大发展的一年,但也是边币下降与物价上涨最大的一年
(陕甘宁边区财政经济史编写组、陕西省档案馆,1981:第五编,184—
185)。因此,物价稳定是生产供给与货币发行共同作用的结果。
1944 年边区土产品价格稳定甚至略有下降,与边区银行所采取的谨
慎发行政策密切相关。

在 1944 年紧缩货币政策下,边区不仅保持了土产品的价格稳
定,而且边区外来品价格涨幅也低于国统区同类商品价格涨幅。例
如,1943 年 12 月至 1944 年 9 月,毗邻边区的西安棉花价格上涨 3
倍,布匹上涨 3 倍以上,同期延安棉花上涨 1.72 倍,三八布上涨 2.36

倍。值得指出的是,1944 年国民政府加紧了对边区的经济封锁,之后大半年货物进口稀少(陕甘宁边区财政经济史编写组、陕西省档案馆,1981:第四编,455)。在这样的背景下,边区外来品价格涨幅仍低于国统区,不能不说是货币紧缩政策的结果。

结论

陕甘宁边区边币与法币共存竞争的历史,为检验哈耶克货币非国家化理论的现实可行性提供了可贵的自然实验。边区银行类似于货币发行的一个新进入者参与市场竞争,国民政府发行银行则以垄断者居之。边币发行伊始即确立了谨慎发行的政策,虽然边区银行一度像哈耶克货币非国家化理论的批评者所预言的那样采取通货膨胀政策,但法币的严酷竞争迫使边区政府不得不迅速采取紧缩政策以维持边币价值稳定。因此,货币竞争存在一种纠错的机制。反观处于垄断地位的法币,其在财政赤字下难以摆脱银行发行服务财政需要的厄运,国民政府竟掩耳盗铃地秘密增发货币而以为不影响币信。

实际上,边区银行曾试图借助政权力量,如明令禁止法币在边区流通、按法定比率兑换法币等,以推行和巩固边币在边区流通。然而,法币的强力竞争迫使边区政府仍不得不依靠维持币值稳定来确立币信,以扩大边币的流通范围。因此,可以预期,纯粹的私人发行银行在货币发行业务上将表现得比边区银行更为谨慎。正如边区银行顾问丁冬放所言,边币与法币共存竞争的实践证明,"一国以内流通着两种体系的纸币时，良币驱逐劣币"（陕甘宁边区财政经济史编写组、陕西省档案馆，1981：第五编，243）。这一历史案例表明，私人发行银行在竞争性市场中有足够的激励采取有效措施以维持其币值稳定，哈耶克货币非国家化的理论——其实质是构建竞争性货币体系——具有现实可行性。

注释

① 1937 年 9 月，根据第二次国共合作协议，西北革命根据地更名为陕甘宁边区，首府设在延安，辖陕西北部和中部、甘肃陇东、宁夏东南部三个地区 26 个县。1941 年为 27 个县、179 个区、1 063 个乡；1942 年又调整为 32 个县。边区面积自北至南约 900 里、自东至西约 800 里，人口 200 多万人（李实，2003：1—2、49）。1937—1943 年国民党军队侵占使陕甘宁边区面积和人口不断缩减，截至 1944 年陕甘宁边区面积为 98.960 平方公里，人口约 150 万人（陕甘宁边区财政经济史编写组、陕西省档案馆，1981：第一编，9—10）。

② 光华券初始面额有 2 分、5 分、1 角、2 角、5 角五种，1940 年 8 月增发了 7 角 5 分的面额。

③ 边区政府在 1941 年 2 月 22 日发出特字第 403 号的陕甘宁边区政府训令中指示："发行边钞是为了建立正规的边区金融制度，逐渐换回光华代价券，使边钞成为唯一的边区通货单位。"（林美莉，1996：338）

④ 例如，至 1941 年 10 月，边区银行预算要增加边币平准基金与银行业务基金共 2 500 万—2 700 万元，盐产收入不敷使用，边区银行

行长朱理治等人提出以特产作为基金,并使银行经常保持着 3 750 斤特产(林美莉,1996:340)。

⑤ 流通券发行后的实际比价为每元折边币 20 元(陕甘宁边区财政经济史编写组、陕西省档案馆,1981:第五编,102)。

⑥ 法币作为国民政府的法定通货,自 1935 年 11 月 4 日开始发行。1948 年 8 月 19 日国民政府发行金圆券,以 300 万元法币折合 1 元金圆券收兑法币。曹菊茹 1944 年 3 月在《边币问题》一文中指出:"法币的好处在于腿长,它不但在大后方独占市场,而且以优于边币的姿态在边区内流通而且占边区市场达一半以上。"(陕甘宁边区财政经济史编写组、陕西省档案馆,1981:第五编,220)。这说明,边币和法币的确在边区处于共同流通状态。

⑦ 自光华券发行以来,国民政府一直视中共中央在陕甘宁边区发行货币为"非法行为",从政治、经济和军事上予以限制、打击及取缔,但陕甘宁边区政府有中共中央及八路军作为政权基础,边币是在法币竞争的狭缝中逐渐成长的(林美莉,1996:第六章)。

⑧ 例如,1941 年 3 月边币发行量为 309 万元,逐月递增 71.2%。

⑨ 朱理治在 1941 年 3 月至 1942 年 10 月间担任边区银行行长,执行谨慎发行政策,后因银行本票贬值事件被撤职,副行长黄亚光接替朱理治出任边区银行行长。

⑩ 参见毛泽东:《抗日时期的经济问题和财政问题》,载中共中央文献研究室、中央档案馆编:《建党以来重要文献选编》(第十九册),中央文献出版社 2011 年版,第 616 页。

⑪ 1943 年 7 月边区财政预算 1 亿元,除税收 1 000 万元、物资局

转账 3 000 万元外,缺口达 6 000 万元(陕甘宁边区财政经济史编写组、陕西省档案馆,1981:第五编,140)。

⑫ 物价指数是以 1937 年上半年为 100 计算的月度环比递增率(陕甘宁边区财政经济史编写组、陕西省档案馆,1981:第四编,434)。

⑬ 例如,绥德法币黑市价格 9—12 月由 6 元涨到 12—13 元,三边法币黑市价格 8 月和 9 月为 4 元,12 月涨到 14 元;陇东 8 月下旬为 3 元,12 月涨到 18 元(星光、张杨,1988:443)。

⑭ 为了数据可比,下文将流通券发行数按照 1:20 的比例折算成边币数。

⑮ 1971 年之前,英镑采用旧辅币制度,1 英镑等于 20 先令,1 先令等于 12 便士,即 1 英镑等于 240 便士。法币 1 元等于 1 先令 2.5 便士,相当于 14.5 便士,即法币 1 元等于14.5/240 英镑,1 英镑等于 240/14.5 元法币,2 500 万英镑等于 2 500×240/14.5 = 41 379 千万元法币。12 000 万美元合计 40 000 万法币,两项合计 8.13 亿元法币。

⑯ 除另有说明,本节讨论的全国零售物价指数均以 1937 年上半年为 100。

⑰ 1937 年国民政府内债发行面额为 10 亿元,实收数仅为 2.56 亿元;1938 年发行面额为 3 000 万元,实收数仅为 1 800 万元;1939 年发行面额为 12 亿元,实收数仅为 2 500 万元(杨荫溥,1985:150)。可见,内债发行在战争条件下难以推行。

⑱ 参见财政部 1935 年 11 月 3 日关于实行法币政策的布告、财政部钱币司 1935 年 12 月 18 日复邮汇局函、1936 年 1 月 24 日央行

发字第六号通函（洪薛管,2005:326—333）。

⑲ 文献中记载四联总处正式成立的时间是 1939 年 4 月 1 日,实际应为 1939 年 10 月 1 日,疑原文为笔误。

⑳ 中央银行和中国农民银行是国民政府完全控股的发行银行;至 1943 年 6 月前,中国银行和交通银行一直保持着商股占优的股权结构,商股股东也一直想摆脱国民政府对银行的控制。这可能是中国银行和交通银行作为私人发行银行货币发行较为谨慎的主要原因。

㉑ 二战期间,存放于美国银行的法币准备金率为 40%, 1945 年改为 25%（林美莉,1996:40）。

㉒ 1939 年、1940 年边区"协款"收入分别为 793 万元、1 053 万元,分别占当年财政收入的 90%、74%（陕甘宁边区财政经济史编写组、陕西省档案馆,1981:第六编,41、45）。

㉓ 参见林伯渠于 1939 年 1 月 15 日在陕甘宁边区政府第一届参议会的工作报告（中国科学院历史研究所第三所,1958:23—24）。

㉔ 1941 年 10 月 17 日,南汉宸在边区专员县长联席会议中做财政报告提出:"边区银行是政府的银行,这是没问题的,但它并不是供给财政需要的。"这表明,边区银行在发行伊始即确立了银行发行的相对独立性（陕甘宁边区财政经济史编写组、陕西省档案馆,1981:第五编,24）。

㉕ 这里的"银行家务"是指银行的各项资产和开展业务所必需的设施。

㉖ 由中央银行统一发行法币是在蒋介石的推动下实现的,因为

在中中交农四行均拥有货币发行权时,货币发行政策难以完全按照国民政府的财政需要执行。在军事委员会委员长侍从室任职的唐纵在 1941 年 1 月 16 日的日记中,记录了蒋介石对四行货币发行速度不能满足财政需求的不满:"上星期日委座叫魏道明来,谓魏曰,你们副院长各部长,以为我不懂经济……如果你们懂经济,拿出办法来,否则就应听我的话,照我的意思做。此系委座故意使魏传言于孔,不知孔听了作何感想。"1942 年 2 月 12 日唐纵又有感而发:"凡事不经委座批示,各部负责人即不知道推动。"转引自林美莉(1996:41)。

㉗ 孔令侃 1936 年进入中央信托局担任常任理事,1937 年中央信托局迁至香港,孔令侃继续以常务理事身份主持全局业务和人事大权。

㉘ 1941 年 1 月陕甘宁边区政府发布了关于停止法币行使的布告,但只要边币尚未确立其币信,法币在边区仍作为主要货币流通。

㉙ 根据 1941 年 2 月 20 日的行政划分,陕甘宁边区分直属、绥德分区、关中分区、三边分区、陇东分区等行政区域,其中绥德分区是最大的一个区域,行政村数达 3 185 个,占 47.5%;人口数为 54 552 人,占 40.3%(陕甘宁边区财政经济史编写组、陕西省档案馆,1981:第一编,11—14)。因此,绥德分区的情况在边区具有代表性。

㉚ 陕甘宁边区银行三边分行业务主要覆盖定边、安边、靖边三个县,此处所指的三个区应该是指三边分行业务覆盖的定边、安边和靖边三个区域。

㉛ 从价格指数上看,以 1937 年上半年物价为 100,至 1945 年 7 月抗战结束,边区物价指数涨至 21 326,国统区(重庆、成都、西安、兰

州、贵阳、康定、昆明等七城市)物价指数则涨至 2 619(陕甘宁边区财政经济史编写组、陕西省档案馆,1981:第五编,127、129、130;陆民仁,1983:710—714)。

㉜ 这里的"顽区"是指国民党顽固反动派统治的地区。

第七章　货币竞争与宏观经济学革命

突破垄断发行的思维定式

　　人们习惯性地认为,私人发行货币必将导致无限超发引发恶性通货膨胀,以致"货币应由政府垄断发行"成为无名氏定理。然而,哈耶克提出,货币可以由私人银行竞争性供给,市场竞争将提供比政府垄断更好的货币,从而将自由市场从一般商品扩展到货币发行领域。哈耶克的这一革命性主张与人们的习惯性认识相左,以致人们提出了普遍的质疑。问题的核心是,那些追求私人利润最大化的发钞行会保持货币价值稳定吗? 一个最典型的思维定式是,只要单位货币的面值高于其发行成本,私人发行银行将无限供给货币,私人发行的必然结果是导致通货膨胀。

　　然而,这种思维模式仍然是停留在"垄断发行"的情势下思考问题。如果我们能够摒弃这种"垄断发行"的思维定式,而以市场自由竞争的新思维来考虑银行的决策,结论将会截然不同。因为,如果人们能够自由选择货币进行交易或者价值储藏,那些有贬值倾向的货币将会被消费者唾弃,甚至会一文不值。更为重要的是,那些行为鲁莽的发钞行将丧失发钞业务所带来的其他好处,譬如其信贷规模会大幅度收缩,其市场份额会迅速被那些业务稳健的银行所占。

遗憾的是，虽然不乏关于 17 世纪苏格兰自由银行、法国大革命时期和美国内战期间货币竞争的经验分析，哈耶克提出的这个"思想实验"仍然缺乏坚实的历史经验，特别是银行微观证据的支持，人们对其逻辑推理的合理性将信将疑。基于中国汉代和民国时期的历史经验，本书分析了竞争性货币体系的微观运行机制及宏观绩效，其结论在人们意料之外，却在情理之中。

第一，汉文帝时期的"使民放铸"政策允许民间按照官府规定的标准来铸造钱币，形成了一个自由竞争的货币市场；同时称钱衡制度使民众得以掌握铸币的重量及成色，解决了铸币质量的信息不对称问题。在"使民放铸"制度下，铸币的实际重量超过法定重量之比，市场提供的货币甚至比政府规定的标准还要高；但在官府垄断铸币的情形下（譬如汉武帝时期的"公铸 + 禁铸"），铸币的实际重量低于法定重量，铸币质量下降。可见，只要解决好货币质量的信息不对称问题，金属货币的竞争性供给能够提供比政府垄断更好的货币。

第二，民国多家银行竞争性发行兑换券，"白银风潮"时期白银外流通货紧缩，给银行增发兑换券提供了空间。利用"白银风潮"时期银行微观数据的实证研究发现，声誉越好的银行，兑换券发行增速越慢，银行货币发行越稳健；声誉为银行带来诸多经营优势，如实收资本、盈余积累和存款更多，以致声誉好的银行贷款规模更大，利润水平更高；历史上利润水平更高的银行，兑换券发行增速更稳健，说明银行正是出于对利润的追求而稳健发行，维护币信。因此，恰恰是出于对未来利润的追求，私人发钞行将会有足够的激励来约束发行行为，保持货币价值稳定。

第三,竞争性货币体系不存在中央银行,但这并不意味着银行系统缺乏调节经济和应对危机的机制。20世纪二三十年代中行沪行的案例表明,在竞争性货币体系下,中行沪行作为发行银行恪守谨慎发行、按金融季节调整的发行政策:在经济稳定时期,根据金融季节调整兑换券发行以满足市场流动性需求,保持上海物价稳定;在大萧条前夕,在白银内流通货膨胀时主动减少兑换券发行;在白银外流通货紧缩的"白银风潮"时期,主动增加兑换券发行以平抑物价波动。中行沪行带头组建银行公会组织,发行公单救济陷入危机的银行,发挥银行之银行的作用。在法币改革后,中行沪行兑换券发行刚性增长,信贷规模直线上升,导致物价水平快速上升。因此,在竞争性货币体系下,大银行将发挥金融稳定器功能,但政府垄断货币发行破坏了"看不见的手"的调节作用。

第四,在竞争性货币体系下,银行自有确定其货币发行规模的依据。在抗战时期的陕甘宁边区,边区政府发行的边币面临着国民政府发行的法币的强有力竞争。边区银行的发行政策受到边区财政需求和维持币值稳定两方面力量的约束。边区银行的发行政策一度受迫于边区财政压力而过快增发,但边币对法币的迅速贬值和边区物价的快速上涨迫使边区银行不得不重返谨慎发行的政策,边区政府采取减少财政支出、回笼货币、扩大对外销售换取法币和物资等方式稳定法币价值。因此,货币竞争的压力对拥有政权力量做后盾的边区银行仍然有效,银行发行决策的主要依据是保持货币价值稳定,包括对内物价稳定和对外汇率稳定。

综上所述,在竞争性货币体系下,只要货币质量信息对称,金属铸币的竞争可以产生比政府垄断更好的货币；声誉机制能够有效地约束发钞行为，银行出于对利润的长远追求而自律约束发行以保持币值稳定；银行根据物价水平和不同货币之汇率自发调整其发行数量，同时大银行通过组织成立银行公会来充当最后贷款者角色以稳定金融市场。因此，根据中国汉代和民国时期的经验，竞争性货币体系是有效的。

货币竞争的未解之题

正如斯坦利·费希尔（Fischer，1986）所言，哈耶克在预言了竞争性货币体系将会取得巨大成功之余，对以下问题并未做进一步的阐述：竞争性货币体系下会计单位的确立和企业核算问题、多货币共存的成本问题、货币兑换成占优货币或商品（如黄金）的问题、货币供给者能否发行信用货币的问题。在费希尔看来，这些问题是竞争性货币体系有效运行必不可少的。前两个问题担心多货币共存产生高额交易成本，后两个问题可归结为货币发行是兑现货币还是信用货币的问题，接下来我们进行讨论。

多货币共存的成本问题

政府垄断货币发行最大的好处之一，可能就是单一货币可以减少交易成本。人们普遍认为，正是单一货币的这个好处，由政府来垄断货币发行恰好是货币制度自然演化的结果。甚至，欧洲主要国家放弃货币发行自主权成立统一货币,也是为了极大地减少欧盟区国家国际贸易的货币交易成本。

政府垄断货币发行是货币制度自然演化的结果,这个论断未免言过其实了。人类历史上,一个国家确实是从多货币共存竞争走向单一货币的,但这并非自然演化的结果,而是政府看到了垄断铸币权带来的巨大收益后,通过法律的方式人为地排除了其他机构提供货币的资格,并声称垄断货币发行是一个国家主权的象征,任何其他机构提供货币的行为都为非法,民众拒绝接受法定货币作为交易媒介的行为也是非法的。因此,从事后的结果来看,人类货币制度似乎的确是从多货币"演化"成单一货币的,但这种演化并非人民的自主选择所致,而是政府干预的结果。

实际上,人们高估了多货币共存产生的交易成本。在金属货币情形下,正如第三章考察的汉文帝"使民放铸"制度,只要政府规定了铸币的重量、形状、金属含量等标准并进行有效的监督,不同的私人铸币是同质的,或者说不同铸币之汇率是非常稳定的。在第四章、第五章考察的民国时期兑换券竞争性发行的情形下,由于不同兑换券均以白银作为兑换物,不同兑换券在正常情况下是平价流通的,只是在某家发钞行因为经营不善而声誉受损时(实际上更多的是由于政府对银行现金准备的攫取所致,如 1916 年北洋政府的停兑令、1927 年国民政府的集中现金条令),那些无法足额兑现的钞票相对于稳健的货币产生了贬值,这个时候不同货币的质量才会因为兑现能力而显现出差异。

因此,在金融平稳时期,多货币共存并不会给交易和会计核算带来麻烦。如果企业或个人所持有的某一种货币贬值了，的确会给企业和个人带来损失，但这种损失完全是他们自己决策的后果，政府不必为此买单。就像今天的外贸企业或外汇投资者，选择哪种货币作为结算工具，完全是企业和个人根据市场做出的判断。企业会将贬值资产替换成保值的资产，资产转换过程中必然产生一定的成本，这将是无法避免的。

通常的情形是，企业和个人都倾向于选择那些声誉好、价值稳定的货币作为会计单位和交易媒介。因此，声誉是银行的一项重要资产，银行不得不倾尽全力维护其声誉，尤其是维护其货币价值。那些在市场上久经考验幸存下来的银行，在人们的心中就是声誉好的银行，其所发行的货币也将广受欢迎，这对银行来说是弥足珍贵的，我们没有理由怀疑银行会肆意挥霍民众对它们的信任。

兑现货币和信用货币

在垄断发行的货币体系下，民众之所以接受政府发行的货币，是因为政府拥有政权的排他性权力。这种权力，一方面体现为政府可以颁布法律禁止其他机构发行货币，拒绝接受法定货币的行为视为非法；另一方面体现为政府拥有征税的权力，这些税收可以作为政府信用的基础。然而，在竞争性货币体系下，如何确立银行的信用是一个关键问题。因此，哈耶克在提出货币非国家化理论时，主张的实际是"商品准备本位制"下的货币竞争性发行。例如，哈耶克（2007：52）认为，"竞争肯定会被证明是一种更为有效的约束，它会迫使发钞机构保持其货币之价值稳定(按一组预先选定的商品来衡量),当然,它们也有义务用这些商品(或黄金)赎回这些钞票"。

在缺乏政府垄断权力的情形下,私人银行实行"商品准备本位制"是建立信用发行钞票的一个可行的方法。根据我们对民国时期竞争性货币体系的研究,银行发行兑换券采取百分百准备,其中六成为现金,四成为有价证券,实质是部分现金准备制。当然,随着经济的增长,实际产出增加,假设贵金属(黄金或白银)总量不变,银行兑换券发行总量不变,经济将陷入通货紧缩,其危害不亚于通货膨胀。这个困境有两个解决办法。

从短期来看,虽然贵金属的总量在一定时期是不变的(实际上,黄金的存量也在增加),但发钞行可以通过用其他资产购买更多的黄金或白银来增加其现金准备,或者降低现金准备比例提高其他准备的比例,再利用杠杆作用来增加发行兑换券,从而保持物价稳定。"白银风潮"时期,以中国银行上海分行为首的华商银行就是通过增加白银储备来增发兑换券,以平抑白银外流导致的通货紧缩。如果银行是通过降低现金准备比例的方式来增加发行,是否会提高消费者兑现的概率从而最终耗竭其现金准备呢?根据怀特(2004:53—62)的分析,如果银行的增发是基于市场的真实需求,银行降低现金准备成数并不会提高消费者兑现的概率,这种增发就是可持续的;相反,如果银行的增发超过了市场的实际需求,消费者将会持有兑换券要求兑现,银行将不得不兑出现金准备,产生额外费用甚至发生挤兑。

因此,兑现货币在一定范围内是可以有效运行的。但当经济规模越来越大,即使利用部分准备金的杠杆作用来增发货币也无法满足交易需求时,发行纯粹的信用货币可能就成为选项之一了。问题是,没有政府信用做担保,私人银行发行的信用货币能流通于市吗?答案可能是模棱两可的。一方面,没有人会愿意接受横空出世的一家陌生银行所发行的钞票;但另一方面,即使没有政府信用做担保,私人银行也可以凭借自身所拥有的丰厚资产特别是流动性强的资产做担保,从而建立起信用。譬如,石油企业可以凭借其油气资源,房地产企业可以用其稀缺的土地资源,高科技公司可以用其不断创新的能力,这些都可以作为担保建立银行发行钞票。与兑现货币不同的是,这些以资产做担保的银行所发行的货币并不直接兑现其担保物,因为这些担保物无法无限细分,直接分配给为数众多的货币持有者。这些资产担保更重要的功能是资产证明,证明发钞行具有足够多的资产去运营。真正发挥作用的,是银行钞票发行所带来的潜在的巨额收益。在纯粹信用货币情形下,这些收益一方面来源于发行本身,另一方面则来源于与发行相联系的信贷业务收益。当然,银行能否获取这两项收益,取决于其发行的钞票能否被消费者接受及其被接受的程度,消费者的态度则取决于该货币价值是否稳定。这个机制将有效地约束发钞行的滥发行为。

宏观经济学革命

现代宏观经济学是建立在货币政策和财政政策两个工具之上的,而货币政策则依赖政府垄断货币发行,由中央银行根据经济波动进行反周期调节。如果取消政府货币发行垄断权,意味着经济中没有实质性的中央银行,政府无法再运用货币政策对经济进行干预和调节。在哈耶克看来,在竞争性货币体系下,货币价值稳定,基本上不存在经济波动,货币政策没有用武之地。然而,根据中国民国时期的历史,即使是在竞争性货币体系下,尤其是在开放经济中,外部因素(如汇率波动)可能对本国经济造成冲击,经济出现波动。如果缺乏实质性中央银行的作用,经济波动是否会陷入一发不可收拾的境地?

从民国时期"白银风潮"的历史经验来看,即使没有实质性的中央银行,竞争性的发钞行出于维护自身货币价值稳定,也会自发地调节其兑换券的发行量:在白银外流通货紧缩的情况下,银行增加兑换券发行。尤其是规模较大的银行在稳定市场中发挥了重要作用,其角色类似于准中央银行。因此,竞争性货币体系和政府垄断货币体系都存在反周期调节的机制。问题是,哪种货币体系下的调节机制更为有效?对这个问题进行细致的检验超出了本书的研究范围,但进行思辨性的讨论仍然是必要的。

根据宏观经济学理论,在一个封闭经济中,货币政策的目标主要有三个:经济增长、充分就业、物价稳定;在一个开放经济中,货币政策还要考虑国际收支平衡问题。为了简单起见,我们将讨论限定在封闭经济,忽略汇率和国际收支问题。实际上,经济增长有利于创造就业,实现充分就业,我们可以将货币政策的目标归结为经济增长和物价稳定两个。从世界各国的实践来看,中央银行的货币政策主要是在促进经济增长和保持物价稳定两个目标之间来回摇摆。当物价上涨过快时，中央银行将会采取审慎甚至是紧缩性的货币政策，以抑制物价上涨；当经济衰退时，中央银行将会采取积极甚至是扩张性的货币政策，以促进经济恢复和就业。然而，正如弗里德曼和施瓦茨（2021）的研究所表明的那样，货币政策存在近两年的时间滞后性。中央银行为促进经济增长进行的货币扩张，已经为日后的通货膨胀埋下种子；中央银行为抑制通货膨胀进行的货币紧缩，已预示了随后的经济衰退。因此，与其说中央银行的货币政策对经济进行了反周期的干预和调节，不如说是政府的货币政策引发或放大了经济的波动。

相反，在竞争性货币体系下，拥有独立发钞权的银行，并不关心经济增长问题，对充分就业也无兴趣。它们主要关心的是自身货币价值是否稳定。因此，发钞行在确定其钞票发行数量时，只锚定自身货币价值稳定这个目标。当市场对货币需求增加，如经济真实产出增加，如果货币供给不变，商品价格下降，为维持货币价值稳定，发钞行将会增加货币发行量；反之，当市场对货币需求减少，如经济真实产出下降，如果货币供给不变，商品价格上升，同样为维持货币价值稳定，发钞行将会减少货币发行量。从形式上看，竞争性发钞行也是根据经济的波动调节其货币发行规模，和政府垄断发行下的中央银行的所作所为并无二致，但背后的机理有实质区别。

凯恩斯在 1936 年发表《就业、利息和货币通论》，将托马斯·罗伯特·马尔萨斯（Thomas Robert Malthus）于 1820 年在《政治经济学原理》中提出的有效需求不足理论发扬光大，为政府干预经济提供了理论依据，无论是财政政策还是货币政策，都是为了解决"有效需求不足"问题。从这个角度来说,政府货币政策进行的所谓反周期调节或干预,并不是根据经济的真实需求,而是寄望于通过调整货币供给改变需求。在竞争性货币体系下,发钞行根据经济真实需求的变化调整其货币发行量,进而影响市场利率和资源配置。民国时期"白银风潮"的历史经验表明,当白银外流导致交易媒介减少,市场对兑换券的需求大增,华商银行宁愿以更高的成本增持白银,作为兑换券发行的准备金增加兑换券的发行。因此,在竞争性货币体系下,发钞行为维持货币价值稳定而调整货币供给;在政府垄断的货币发行体系下,中央银行为创造需求而调整货币供给。

　　除了调整货币供给的内在逻辑不同之外,两种货币体系调整货币供给的灵敏度也存在差异。在政府垄断货币体系中,货币政策的目标在促进经济增长和维持物价稳定之间来回摇摆,货币当局在经济指标(如 CPI 或失业率)还没有得到明显改善时,是不会逆转其原来设定的政策导向的。但由于货币政策存在较长的时间滞后性,货币政策传导到实体经济并在经济指标上体现出来时,实际上意味着货币政策转向为时已晚,出现货币政策的时间错配问题。在竞争性货币体系下,发钞行在确定其货币发行量时,唯一关心的是其货币价值是否稳定,而无关宏观经济影响。因此,竞争性的发钞行要时刻关注市场上以本行货币表示的商品价格是否稳定,或者说本行货币与其他货币的兑换率是否稳定。这种商品价格或汇率的变化会在市场上动态实时呈现,发钞行可以根据价格变化及时调整其发行策略。因此,在竞争性货币体系下,发钞行对其货币价值的波动高度敏感,并据此及时调整货币发行量来保持货币价值稳定。如果说中央银行是以季度甚至年为单位来确立其货币政策导向的话，竞争性货币体系下的私人发钞行则是以小时甚至分钟为单位来调整其发行策略。

因此，货币竞争将带来一场宏观经济学革命，原来处于垄断地位的中央银行将无用武之地，政府的银行也只能在市场竞争的约束下像其他银行一样谨慎行事。当政府的银行无法通过发行货币来为政府债务融资时，财政政策的施展空间也被大大压缩，政府将面临一个硬预算约束。果真如此的话，宏观经济学将被彻底改写，政府的职能将从一个积极的经济干预者，回归到亚当·斯密在《国富论》中所倡导的"守夜人"的角色，古典经济学将重新恢复荣光。

参考文献

蔼庐:《论上海中国银行之公开准备》,《银行周报》1928 年第 12
卷第 12 期。

陈彦良:《江陵凤凰山称钱衡与格雷欣法则》,《人文及社会科学
集刊》2008 年第 20 卷第 2 期。

陈彦良:《四铢钱制与西汉文帝的铸币改革》,《清华学报》2007
年新 37 卷第 2 期。

城山智子:《大萧条时期的中国:市场、国家与世界经济》,孟凡
礼、尚国敏译,唐磊校,江苏省人民出版社 2010 年版。

董昕:《中国银行上海分行研究(1912—1937)》,上海人民出版社
2009 年版。

杜恂诚:《货币、货币化与萧条时期的货币供给——20 世纪 30 年
代中国经济走出困局回顾》,《财经研究》2009 年第 3 期。

杜维善:《半两考》,上海书画出版社 2000 年版。

弗里德曼、施瓦茨:《美国货币史:1867—1960》,巴曙松、王劲松
等译,巴曙松、牛播坤、游春等校,北京大学出版社 2021 年版。

哈耶克:《货币的非国家化:对多元货币理论与实践的分析》,姚
中秋译,新星出版社 2007 年版。

洪薛管:《中央银行史料(1928.11—1949.5)》,中国金融出版社

2005 年版。

怀特：《货币制度理论》，李扬、周素芳、姚枝仲等译，王传纶、李扬审校，中国人民大学出版社 2004 年版。

蒋若是：《秦汉钱币研究》，中华书局 1997 年版。

交通银行总行、中国第二历史博物馆编：《交通银行史料第一卷（1907—1949）》，中国金融出版社 1995 年版。

凯恩斯：《就业、利息和货币通论：重译本》，高鸿业译，商务印书馆 1999 年版。

李实主编：《陕甘宁革命根据地货币史》，中国金融出版社 2003 年版。

林美莉：《抗战时期的货币战争》，台湾师范大学历史研究所，1996 年。

刘平：《近代中国银行监管制度研究（1897—1949）》，复旦大学出版社 2008 年版。

陆民仁：《抗战时期的经济与财政》，载秦孝仪主编，《中华民国经济发展史（第二册）》，近代中国出版社（台北）1983 年版。

马俊起：《法币的通货膨胀与国民党政府的外汇政策》，《金融研究》1995 年第 2 期。

蒙代尔：《蒙代尔经济学文集》，向松祚译，中国金融出版社 2003 年版。

米塞斯：《货币与信用原理》，杨承厚译，台湾银行经济研究室 1966 年版。

彭信威：《中国货币史（下）》，中国人民大学出版社 2020 年版。

彭信威:《中国货币史》,上海人民出版社 2007 年版。

彭泽益:《十九世纪后半期的中国财政与经济》,中国人民大学出版社 2010 年版。

陕甘宁边区财政经济史编写组、陕西省档案馆:《抗日战争时期陕甘宁边区财政经济史料摘编》,陕西人民出版社 1981 年版。

陕西省钱币学会:《秦汉钱范》,三秦出版社 1992 年版。

石俊志:《半两钱制度研究》,中国金融出版社 2009 年版。

宋叙五:《西汉货币史初稿》,香港中文大学出版社 1971 年版。

王晶:《上海银行公会研究(1927—1937)》,上海人民出版社 2009 年版。

汪庆正、朱活、陈尊享主编:《中国历代货币大系 2·秦汉三国两晋南北朝货币》,上海辞书出版社 2002 年版。

汪圣铎:《中国钱币史话》,中华书局 2004 年版。

王献唐:《中国古代货币通考》,青岛出版社 2006 年版。

王雪农、刘建民:《半两钱研究与发现》,中华书局 2005 年版。

王业键:《清代经济史论文集》,稻乡出版社 2003 年版。

吴殿尧、宋霖:《朱理治传》,中共党史出版社 2007 年版。

吴岗:《旧中国通货膨胀史料》,上海人民出版社 1958 年版。

咸阳市博物馆:《咸阳市近年发现的一批秦汉遗物》,《考古》1973 年第 3 期。

萧清:《中国古代货币史》,人民出版社 1984 年版。

星光、张杨主编:《抗日战争时期陕甘宁边区财政经济史稿》,西北大学出版社 1988 年版。

熊亮华：《红色掌柜陈云》，湖北人民出版社 2005 年版。

徐沧水：《论金融之季节》，《钱业月报》1921 年 2 月号。

徐沧水：《上海银行公会事业史》，《上海银行周报社》1925 年 5 月。

徐永祚：《吾国中外各银行发行纸币之统计》，《银行周报》3 卷 31 号，1919 年 8 月 26 日。

闫晓君：《试论张家山汉简〈钱律〉》，《法律科学（西北政法学院学报）》2024 年第 1 期。

杨格：《一九二七至一九三七年中国财政经济情况》，陈泽宪、陈霞飞译，中国社会科学出版社 1981 年版。

杨际平：《析汉武帝五年"除盗铸钱令"》，载中华书局编辑部编，《文史》第 32 辑，中华书局 1990 年版。

杨联陞：《中国货币与信贷史》，载刘梦溪主编，《洪业杨联陞卷》，河北教育出版社 1996 年版。

杨荫溥：《民国财政史》，中国财政经济出版社 1985 年版。

张公权：《中国通货膨胀史：一九三七至一九四九年》，杨志信译，文史资料出版社 1986 年版。

张家山二四七号汉墓竹简整理小组编：《张家山汉墓竹简（二四七号墓）》，文物出版社 2006 年版。

张天政：《略论上海银行公会与 20 世纪 30 年代华商银行业务制度建设》，《中国经济史研究》2005 年第 2 期。

中国科学院历史研究所第三所：《陕甘宁边区参议会文献汇辑》，科学出版社 1958 年版。

中国人民银行上海市分行编:《上海钱庄史料》,上海人民出版社1960年版。

中国人民银行总行参事室编:《中华民国货币史资料:第二辑(1942—1949)》,上海人民出版社1991年版。

中国银行行史编辑委员会编著:《中国银行行史(一九一二—依旧四九)》,中国金融出版社1995年版。

中国银行上海国际金融研究所行史编写组:《中国银行上海分行史》,经济科学出版社1991年版。

中国银行总管理处经济研究室编:《全国银行年鉴》,汉文正楷印书局1934年版。

中国银行总管理处经济研究室编:《全国银行年鉴》,汉文正楷印书局1935年版。

中国银行总管理处经济研究室编:《全国银行年鉴》,汉文正楷印书局1936年版。

中国银行总管理处经济研究室编:《中国重要银行最近十年来营业概况研究》,新业印书馆1933年版。

中国银行总管理处经济研究室编:《全国银行年鉴》(1937),载沈云龙主编,《近代中国史料丛刊三编第二十四辑》,文海出版1937年版。

中国银行总行、中国第二历史档案馆合编:《中国银行行史资料汇编上编(1912—1949)》,档案出版社1991年版。

周卫荣:《中国古代钱币合金成分研究》,中华书局2004年版。

朱嘉明:《从自由到垄断:中国货币经济两千年》,远流出版事业股份有限公司2012年版。

邹晓:《银元主币流通于上海洋厘行市的更替》,《史学月刊》2006年第8期。

Berentsen, Aleksander, 2006, "On the Private Provision of Fiat Currency", *European Economic Review*, 50, 1683—1689.

Bryant, John, 1981, "The Competitive Provision of Fiat Money", *Journal of Banking and Finance*, 5, 587—593.

Cavalcanti, Ricardo de O., and Neil Wallace, 1999a, "A Model of Private Bank-Note Issue", *Review of Economic Dynamics*, 2(Jan.), 104—136.

Cavalcanti, Ricardo de O., and Neil Wallace, 1999b, "Inside and Outside Money as Alternative Media of Exchange", *Journal of Money, Credit and Banking*, 31(3), 443—457.

Cavalcanti, Ricardo de O., Andres Erosa, and Ted Temzelides, 1999, "Private Money and Reserve Management in a Random-Matching Model", *The Journal of Political Economy*, 107(5), 929—945.

Dowd, Kevin, and David Greenaway, 1993, "Currency Competition, Network Externalities and Switching Costs: Towards an Alternative View of Optimum Currency Areas", *The Economic Journal*, 103(420), 1180—1189.

Fischer, Stanley, 1986, "Friedman versus Hayek on Private Money: Review Essay", *Journal of Monetary Economy*, 17, 433—439.

Friedman, Milton, 1960, *A Program for Monetary Stability*, New York: Fordham U. Press.

Friedman, Milton, 1992, "Franklin D. Roosevelt, Silver, and China", *Journal of Political Economy*, 100(1), 62—83.

Friedman, Milton, and Anna Schwartz, 1963, *A Monetary History of the United States*, 1867—1960, Princeton: Princeton University Press.

Friedrich, A. Hayek, 1935, *Prices and Production*, New York: Augustus M. Kelly, Publishers.

Herger, Nils, 2022, "Unregulated and Regulated Free Banking: Evidence from the Case of Switzerland(1826—1907)", *Explorations in Economic History*, 82, 101423.

Horner, Johannes, 2002, "Reputation and Competition", *American Economic Review*, 92(3), 644—663.

Klein, Benjamin, 1974, "The Competitive Supply of Money", *Journal of Money, Credit and Banking*, 6(4), 423—463.

Klein, Benjamin, 1976, "Competing Monies: Comment", *Journal of Money, Credit and Banking*, 8(4), 516—517.

Martin, Antoine, and Stacey L. Schreft, 2006, "Currency Competition: A Partial Vindication of Hayek", *Journal of Monetary Economics*, 53, 2085—2111.

Mundell, Robert, 1998, "Uses and Abuses of Gresham's Law in the History of Money", *Zagreb Journal of Economics*, 2(2),

57—72.

Nils, Herger, 2022, "Unregulated and Regulated Free Banking: Evidence from the Case of Switzerland (1826—1907)", *Explorations in Economic History*, 82, 101423.

Rockoff, Hugh, 1991, "Lessons from American Experience with Free Banking", in Forrest H. Capie and Geffrey E. Wood (eds.), *Unregulated Banking: Chaos or Order?* London: Macmillan.

Shapiro, Carl, 1983, "Premiums for High Quality Products as Returns to Reputations", *Quarterly Journal of Economics*, 98(4), 659—679.

Taub, Bart, 1985, "Private Fiat Money with Many Suppliers", *Journal of Monetary Economics*, 16, 195—208.

Tullock, Gordon, 1975, "Competing Monies", *Journal of Money, Credit and Banking*, 7(4), 491—497.

White, Eugene, 1991, "Banking in a Revolution", in Forrest H. Capie and Geffrey E. Wood (eds.), *Unregulated Banking: Chaos or Order?* London: Macmillan.

White, Lawrence H., 1991, "Banking without a Central Bank: Scotland before 1844 as a 'Free Banking System'", in Forrest H. Capie and Geffrey E. Wood(eds.), *Unregulated Banking: Chaos or Order?* London: Macmillan.

White, Lawrence H., 1999, *The Theory of Monetary Institutions*, Oxford: Blackwell Publishers.

后　记

　　呈现在读者面前的这本书,萌芽于我在学生年代对哈耶克思想的着迷。

　　早在读本科的时候,在老师的推荐下,我在图书馆借阅了哈耶克的《通往奴役之路》《致命的自负》《自由秩序原理》《法律、宪法与自由》《个人主义与经济秩序》等著作,被哈耶克深邃的思想折服。在攻读研究生时,我在学校图书馆的旧书堆中偶然发现了哈耶克的《物价与生产》一书,第一次系统地了解了哈耶克的商业周期理论。哈耶克提出的生产结构理论和凯恩斯的有效需求不足假说,形成了鲜明对比。在博士毕业工作后,出于对哈耶克思想的热爱,我又阅读了2007年由新星出版社翻译出版的《货币的非国家化》。哈耶克提出货币非国家化的主张,将市场竞争从商品市场延伸至货币市场领域,如惊天一雷,引发了广泛的争论。

　　从理论文献来看,反对哈耶克的论者强调私人银行与其遵守承诺,不如超发货币获利,最终引发通货膨胀。这些文献实际上依然停留在货币垄断的语境来思考发钞行的行为,自然不得要领。支持哈耶克的论者则试图引入其他条件来约束发钞行,但这些条件实际上是货币竞争的充分而非必要条件,大大降低了货币竞争有效性的适用性。现有文献以"自由银行制度"为例讨论了西方国家货币竞争的若干历史片段，但对货币竞争背后的运行机制语焉不详，货币竞争的图景依然模糊不清。因此，哈耶克将货币竞争仅仅视为一场"思想实验"。

由于人们已经形成了货币天然地应由政府垄断发行的思维定式，无论理论分析是多么的完美无瑕，人们对货币竞争的有效性仍然将信将疑。哈耶克在《货币的非国家化》中曾提及中国拥有丰富的货币竞争的历史，或许是因为他不熟悉中国的货币史，他在书中并未展开分析。于是，我暗下决心为哈耶克货币非国家化的"思想实验"提供来自中国的经验证据。

2009 年在韩国访学期间，我结识了复旦大学的罗长远老师。我向长远老师谈及想研究陕甘宁边区边币和法币的竞争问题，他鼓励我说这个研究可行。回国后，我即着手整理陕甘宁边区的史料，一幅货币竞争的图景逐渐清晰起来。边区银行从一开始便意识到货币价值稳定对边币发行和流通的重要性，但边区财政紧张使得边区银行从谨慎发行转向膨胀发行，金融为财政服务成为第二阶段的发行方针。然而，法币的竞争使得超发的边币贬值，流通范围缩小，最严重的时候甚至面临从市场消失。残酷的现实，迫使边区政府不得不重新调整边币发行的政策，回归谨慎发行的初衷，以使边币在边区继续流通。陕甘宁边区边币和法币竞争的案例说明，那些货币竞争反对论者担心的情况，确实一度出现在边币发行的过程中，但市场竞争的力量迫使边币发行最终回归吞吐调节的谨慎发行政策，即使拥有政权的力量做保障，边币发行也不得不根据市场规则行事。

如果说陕甘宁边区的货币竞争是两个政权发行之货币的竞争，

那么这个案例是缺乏一般性的。但是民国时期货币的私人竞争性发行,无疑是研究哈耶克货币非国家化理论的最佳自然实验。在民国时期,全国有超过 30 多家独立的发钞行,不同货币在市场上并行流通。这些钞票的发行以银元或银两为准备金,属于兑现货币。在经济平稳时期,不同货币基本上是平价流通的,多货币共存并没有产生人们预想的交易成本高昂的问题。1934 年美国出台白银国有化法案,西方各国放弃金本位制,国际银价上涨,中国白银外流形成通货紧缩,史称"白银风潮"。在通货紧缩的背景下,市场对兑换券的需求增加。我们观察到两个特征事实:第一,在外资银行纷纷将白银外运套利之际,主要的华商银行反而增加白银存底,扩大兑换券发行。这体现了在竞争性货币体系下,银行维护金融系统稳定、满足市场货币需求的企业责任。第二,尽管各发钞行均增发兑换券,但增发的速度不同。那些生存历史越悠久(即声誉越好)的银行,兑换券发行的增速越慢,银行发行越谨慎。当然,银行的谨慎发行本质上是一种自利的行为:得益于其各方面的经营优势,银行的历史越悠久,其利润水平越高,银行货币声誉受损的机会成本也会越高。因此,"白银风潮"时期银行的发钞行为,为哈耶克提出的声誉机制提供了一个扎实的微观经验证据。

　　1935 年 11 月法币改革,先后经历了自由购售外汇、外汇管制到1941 年彻底取消法币发行汇兑限制三个阶段,最终货币发行权收归中央银行一家所有,中国货币制度从竞争性发行过渡至垄断发行。第三个研究案例聚焦在中国银行上海分行在竞争和垄断两种市场结构下的行为差异,我们将时间限制在 1937 年抗战全面爆发之前,原因有三：一是受中行沪券发行数据所限，二是避免抗战全面爆发的影响，三是这一时期法币发行仍然受到准备金制度的约束。因此，中行沪行的发钞行为在法币改革前后的变化，并非源于战争或发行准备金制度的差异，而是市场结构的变化所致。在竞争性货币体系下，中行沪行保持了稳健发行按金融季节调整的发行政策，物价水平总体保持稳定。这个事实打破了货币非国家化反对者关于银行必将超发货币的预言。在法币改革后，先前按金融季节调整的行为模式荡然无存，中行沪行的货币发行出现刚性增长，物价水平不仅超过"白银风潮"前的水平，而且呈现快速上涨的趋势。这个发现证明，货币非国家化反对论者的确停留在货币垄断情景下讨论货币竞争问题。

民国时期的货币发行实行准备金制度，六成为现金准备，四成为有价证券准备，兑换券的发行具有部分信用货币的性质。中国货币竞争历史悠久，在铸币时代的货币竞争效果又如何？汉代货币制度变革为研究铸币时代的货币竞争提供了一个绝佳的自然实验。汉代初建百业待兴，汉文帝和汉景帝两朝推行"使民放铸"政策，允许民间按照官方制定的标准铸造四铢半两钱，并施行称钱衡制度对铸币的重量和含铜量进行鉴定，有效解决了货币质量信息不对称的问题。然而，汉武帝时期取消了"使民放铸"政策，转而实行"公铸＋禁铸"政策，试图通过官府垄断铸币为日益增加的军费开支融资。钱币考古证据发现，无论是铸币重量的法定符合百分数，还是含铜量的法定符合百分数，文景时期的铸币质量均高于汉武帝时期的铸币质量，也远远高于其他朝代官铸货币的质量。这个案例的价值，不仅仅在于呈现了民间私铸货币的质量高于官铸货币，而且揭示了官府（通过石范和称钱衡制度)在解决货币质量信息不对称方面的重要作用。这个案例也解释了历史上货币竞争带来货币紊乱甚至崩溃的原因。

上述四个案例,从不同时代背景、不同角度论证了货币竞争的效果及其条件。如果从单个案例来看,对货币竞争有效性的质疑仍无法完全消除。然而,当我们把四个案例像拼图般呈现在读者面前时,一幅货币竞争的完整图景就跃然纸上:在货币质量信息对称的前提下,声誉机制能够有效约束银行发行行为,良币驱逐劣币的格雷欣法则将催生出价值稳定的货币体系。不过,即使读者接受了这个观点,也不代表现行的货币制度会回归到哈耶克所主张的货币非国家化的框架,这既有政府不愿意放弃对经济进行干预的考量,也归因于货币发行权代表一国主权的思维定式。实际上,欧元的发行已经说明,一国主权与货币发行权并无必然联系。妨碍货币竞争体系建构的主要障碍在于,人们对政府干预经济的能力及效果的迷信。

历史车轮滚滚向前,随着科技的发展,货币竞争以一种新的方式进入人们的视野。以比特币为首的电子货币具有去中心化发行的特征,符合哈耶克关于货币竞争的设想。在诞生之初,比特币即被世界主要国家视为非法的货币,但由于具有稀缺性、私密性和便于转移的特点,比特币屡屡被资本市场追捧,虽然其价值波动巨大,但其市场价值从总体来看是螺旋式上升的。一些国家政府逐渐认识到,简单地围堵封杀并不能消灭比特币等加密电子货币,它们转而开始研究如何规范和利用数字货币,稳定币应运而生。如果说比特币是一种去中心化发行的加密货币,那么,稳定币则是锚定某种法定货币,分散发行的数字货币。

如果以货币价值稳定为标准来评判比特币或稳定币，这些数字货币面临着内在的缺陷。比特币发行的总量是固定的，一旦比特币获得合法身份，比特币价值必然节节攀升，带来通货紧缩。稳定币通常锚定某个主流货币来发行，当其锚定的货币贬值时，稳定币的价值是否还能保持稳定？数字经济时代的货币竞争问题，有待我们进一步研究。

刘　愿

2025 年 6 月 25 日于广州